rtv LAND & LEUTE

365 GÄRTNERTIPPS

FÜR HAUS UND GARTEN

rtv Land & Leute
365 Gärtnertipps für Haus und Garten
ISBN 978-3-00-048336-3
1. Auflage, März 2015
Erschienen bei der rtv media group GmbH, Nürnberg, März 2015

Autoren: Oliver Kipp, Andreas Barlage
Konzept und Layout: Medienfabrik Gütersloh GmbH, www.medienfabrik.de
Druck: Neografia, 03861 Martin-Priekopa, Slowakei
www.rtv-LuL.de
buch@rtv-LuL.de

VORWORT

Eigentlich ist dieses gar kein Vorwort, sondern eher eine Gebrauchsanweisung: Nutzen Sie dieses Buch als Inspirationsquelle für Ihren Garten, Balkon oder das grünende und blühende Zimmer. Wir haben 365 Tipps von leidenschaftlichen Gärtnern für Sie zusammengestellt, die viele Fragen beantworten– aber längst nicht alle. Denn der beste Lehrmeister ist im Leben wie im Garten die Erfahrung. Nur wer probiert statt studiert, wird schlauer! Genießen Sie also unsere Anregungen und freuen Sie sich auf jede Jahreszeit. Denn vieles versteht man besser, wenn man die Phänomene der Natur erkennt, die die Phasen unseres Gartenjahres einleiten. Viel Freude also beim Lesen und beim Gärtnern!

Ihr Oliver Kipp

INHALT

FRÜHLING

SOMMER

HERBST

WINTER

PHÄNOLOGIE

Gärtnern mit den natürlichen Jahreszeiten

DAS RICHTIGE TIMING!

Was genau wann im Garten zu erledigen ist, hängt einzig davon ab, welche Wetterbedingungen herrschen; nur der Rhythmus der natürlich auftretenden Jahreszeiten bestimmt die zeitliche Abfolge der Vegetation. Aussaat- oder Pflanztermine etwa können nicht nach dem menschengemachten Kalender „abgehakt" werden, wenn sie im Freiland stattfinden oder für das Freiland vorgenommen werden. Schon allein die unterschiedlichen Klimaregionen in Deutschland weichen beispielsweise beim Beginn des Frühlings zeitlich voneinander ab. Im milden Südwesten erwacht gewöhnlich die Vegetation einige Wochen eher als etwa in Gebirgsregionen und Höhenlagen. Selbst bei wenigen Kilometer auseinanderliegenden Orten können die Wetterbedingungen unterschiedlich einsetzen oder sich verschieden lange hinziehen. Hinzu kommt, dass der Verlauf der Witterung in jedem Jahr anders ist – mal halten Eis- und Frostperioden sehr lange an, mal fallen sie nahezu aus. Weit sicherer als nach dem Papierkalender vorzugehen ist es für Hobbygärtner, den sogenannten phänologischen Jahreskalender für ihre Arbeiten im Garten als Zeitplan zugrunde zu legen. Der Beginn aller Jahreszeiten wird durch bestimmte Zeigerpflanzen signalisiert – sei es durch Blühbeginn, Fruchtreife oder Laubfall.

Man einigte sich auf Gewächse aus der Natur, den Gärten oder der Landwirtschaft, die weit verbreitet und allgemein bekannt sind – und daher leicht beobachtet werden können.

Der phänologische Jahreskalender kennt statt vier zehn verschiedene Jahreszeiten. So ist nur der Winter nach wie vor als einzelne Jahreszeit geführt; Frühling, Sommer und Herbst sind jeweils dreifach untergliedert. Das ermöglicht ein sehr genaues Erledigen der anstehenden Arbeiten; bereits der Frühling unterscheidet sich in seinem Verlauf gravierend von Anfang bis Ende hinsichtlich Temperaturen und Lichtmenge. Es ist nicht schwer, sich an diesen natürlichen Kalender zu gewöhnen. Neben der Orientierungshilfe für die Gartenarbeiten bringt er noch ein weiteres Plus: Man achtet mehr auf die Zusammenhänge der Natur und ihre Auswirkungen nicht nur auf das Gartenleben. Beobachtungen, was wann wie wächst, blüht und fruchtet, wecken und inspirieren das eigene Verhältnis zur Natur – und das macht wirklich Spaß.

Frühling

STAUDEN PFLANZEN • GEMÜSEGARTEN VOR

BEREITEN • DÜNGEN • AUSSÄEN

Phänologie & Garten IM FRÜHLING

Der Frühling beginnt mit den ersten Kätzchen der Haselsträucher und den sich öffnenden Blüten der Schneeglöckchen oft schon im Februar. Im Garten sind dann noch gut Schnittarbeiten an Bäumen und Sträuchern zu erledigen, die man im Herbst und Winter vielleicht nicht geschafft hat. Aber Vorsicht: Achten Sie darauf, austreibende Zwiebelblumen nicht zu zertreten. Wer sich mit leckerem Gemüse selber versorgen möchte und Sommerblumen vorzieht, kann im März damit beginnen, die Samen auszusäen. Stauden können noch bis zum Austriebsbeginn umgepflanzt und geteilt werden. Wer im Zimmer gärtnert, sollte ab Anfang April wieder mit dem Düngen beginnen. Frisch umgetopfte Pflanzen bekommen erst zwei Wochen später Nahrung.

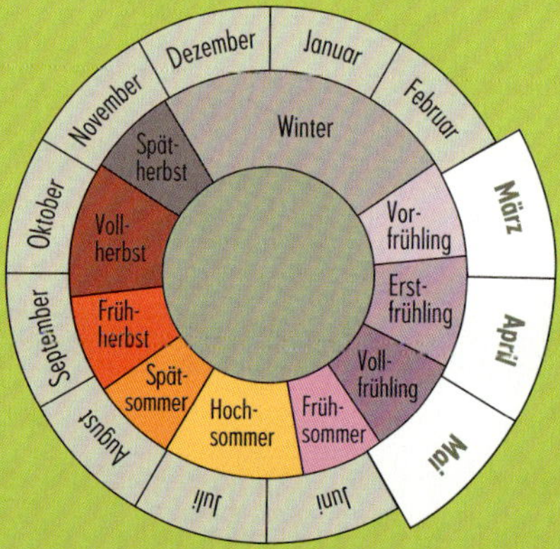

Frühling: Phänologisch beginnt er oft Ende Februar und reicht bis weit in den Mai.

VORFRÜHLING

Im Garten ist das erste Anzeichen des Vorfrühlings meistens der Blühbeginn der Schneeglöckchen und der Haselsträucher. Strenge Fröste verzögern die Blüte allerdings und mahnen den Gärtner zur Vorsicht.

Schneeglöckchen gehören zu den ersten Boten des nahen Frühlings.

ERSTFRÜHLING

Im April breitet sich in fast ganz Deutschland das Erwachen des Frühlings aus. Die goldenen Blütenglocken der Forsythie sind ein deutlich sichtbares Zeichen für die überall erwachende Natur.

Forsythien sind Gartenpflanzen, aber sehr weit verbreitet und beliebt.

VOLLFRÜHLING

Mit dem Beginn der Apfelblüte hat der Vollfrühling begonnen. Ob er segensreich ist und viel Ernte bringt, hängt von Temperatur und Niederschlag ab. Jetzt kann man säen und pflanzen.

Apfelbäume blühen später als Kirsch- und Birnbäume.

Im Frühbeetkasten werden Salate schon vor April erntereif.

ERSTE FRÜHLINGSBOTEN: SCHNEEGLÖCKCHEN

01. Richtig pflanzen

Schneeglöckchen verschenkt man am besten – oder man lässt sie sich schenken! Warum? Weil Zwiebeln aus dem Garten schnell und sicher anwachsen. Sogar während der Blüte kann man die Tuffs ausgraben, teilen und wieder neu einpflanzen.

02. Leicht vermehren

Meistens vermehren sich Schneeglöckchen durch Brutzwiebeln. So bilden sie immer dickere Tuffs. Wer sie unter Sträuchern ganzjährig in Ruhe lässt, kann auch auf Selbstaussaat hoffen.

03. Gesund erhalten

Eigentlich ist das Gewöhnliche Schneeglöckchen (*Galanthus nivalis*) unempfindlich. Nur Pilzbefall durch Grauschimmel und Zwiebelfäule können größere Bestände erheblich dezimieren. Für Hobbygärtner ist die Bekämpfung schwierig, aber in den nächsten Jahren wachsen die Bestände wieder.

Galanthus 'Jaquenetta'

Galanthus 'Merlin'

Galanthus fosteri

G. 'Lady Beatrix Stanley'

Galanthus nivalis

Galanthus elwesii

04.
SAMMELN

Neben dem bekannten Schneeglöckchen gibt es über 1.000 Sorten mit ungewöhnlich gezeichneten oder gefüllten Blüten. Viele Gartenfreunde sind auch hierzulande der Sammelleidenschaft verfallen.

05.
KOMBINIEREN

Schneeglöckchen sind ein Muss im Frühlingsgarten. Pflanzen Sie sie unter früh blühende Sträucher wie die Zaubernuss oder Scheinhasel (Corylopsis). Winterlinge (Eranthis) steuern helles Gelb bei.

06.
VERPFLANZEN

Seltene Schneeglöckchensorten werden nach englischem Vorbild „in the green“, also während oder direkt nach der Blüte in vollem Laub angeboten und verpflanzt. Mehr dazu lesen Sie im Tipp 09.

07. Im Naschgarten

Wer sich eine Gartenecke mit Beerenobst angelegt hat, kann jetzt alte und abgetragene Ruten von Brombeeren und Himbeeren entfernen. Sie werden dicht über dem Boden abgeschnitten. Auch zu dicht gewordene Johannisbeer- und Stachelbeersträucher werden ausgelichtet. Heidelbeeren kann man jetzt schon mit einer Mulchschicht aus Torf- oder Moorbeeterde und Laubkompost einen guten Start in die neue Saison bereiten.

08. Frühlingsboten

Es ist verlockend: In den Gärtnereien locken jetzt schon Primeln, Bellis, Stiefmütterchen und Hornveilchen zusammen mit Narzissen und Vergissmeinnicht. Bedenken Sie beim Kauf aber, dass alle diese Pflanzen in kühlen, frostfreien Gewächshäusern aufgezogen wurden und nicht abgehärtet sind. Wenn die Temperatur draußen im Garten oder auf dem Balkon deutlich unter den Gefrierpunkt sinkt, sollten Sie die Pflanzen zumindest mit Vlies oder einer Decke schützen. Besser ist es, bepflanzte Gefäße an geschütztere kalte Orte zu bringen, etwa in die Garage oder den Kellereingang.

09. ... IN THE GREEN ...

Zu den Zwiebelpflanzen, die besonders empfindlich auf trockene Lagerung reagieren, gehören Schneeglöckchen und Märzenbecher. Leider kann eine Pflanzung der Knollen und Zwiebeln im Herbst zu hohen Ausfällen führen. Weit sicherer ist es, sie jetzt zu setzen, wenn sie blühen oder gerade verblüht sind. Entweder besorgt man sich blühende (oder verblühte und daher nicht selten sehr kostengünstige) Töpfe und pflanzt sie an frostfreien Tagen aus, oder man sticht bei Gartenfreunden einen Pulk großzügig mit anhaftender Erde ab und versetzt diesen vorsichtig. So stehen die Chancen bestens, bald eine kleine Kolonie dieser unverzichtbaren Frühlingsboten zu haben.

10. VORGETRIEBENES AUS DEM GEWÄCHSHAUS

Allerorten stehen nun in den Verkaufsgewächshäusern vorgezogene Pflanzen aus Zwiebeln und Knollen bereit. Narzissen, Schachbrettblumen, Traubenhyazinthen, Hyazinthen oder Tulpen verführen zum Kauf. Allerdings kann draußen der Winter noch einmal mit Frösten zuschlagen. Darum ist es angeraten, die Töpfe an einem hellen, kühlen Fenster aufblühen zu lassen und die Pflanzen erst ins Freiland zu setzen, wenn die strengen Fröste nicht mehr drohen. Die Pflanzen stehen dicht an dicht meist in einem nährstoffarmen Substrat oder Sand. Sollen sie mehr als eine Saison blühen, pflanzen Sie die Frühlingsschätze gleich nach Erhalt in einen größeren Topf mit guter Blumenerde. So haben sie die Chance, sich kraftvoll weiterzuentwickeln.

11. Hecken schneiden

Jetzt ist eine gute Zeit für den Schnitt von Hecken. Bevor sie im Frühling austreiben, werden sie in Form gebracht. Ein radikaler Rückschnitt ist aber in der Zeit vom 1. März bis zum 30. September nicht gestattet. Denn in dieser Zeit sollen brütende Vögel nicht gestört werden. Grundlage für dieses sinnvolle Verbot ist Paragraf 39 des Bundesnaturschutzgesetzes: Er besagt aber auch, dass schonende Form- und Pflegeschnitte zur Beseitigung des jährlichen Zuwachses der Pflanzen oder zur Gesunderhaltung von Bäumen in diesem Zeitraum gestattet sind. Wer also wie jedes Jahr seine Hecke in Form bringen will, darf das auch tun. Es ist ein Irrtum, dass solche Schnittmaßnahmen auch unter das Verbot fallen!

12. FRÜHBLÜHER in Szene setzen

Einige sehr früh blühende Stauden, etwa Christ- und Lenzrosen oder Elfenblumen, behalten ihr altes Laub noch während ihrer Blütezeit. Nach dem langen Winter sieht das oft nicht mehr schön aus. Es macht nichts, das Laub komplett zu entfernen; die Pflanze braucht es nicht mehr, und das Gartenbild wird so wesentlich attraktiver. Aber vorsichtig vorgehen und Neuaustriebe und Blütenknospen schonen. Wenn Sie Lenzrosen mit Schneeglöckchen, Winterlingen und anderen früh blühenden Zwiebelpflanzen kombinieren, müssen Sie zeitig mit dem Schnitt beginnen, um diese nicht zu zerstören.

13. *Unkraut zupfen*

Kaum steigt die Sonne höher, macht sich das Unkraut wieder breit. Einige, wie Vogelmiere und Kleines Schaumkraut, wachsen sogar bei winterlichen Temperaturen kaum über dem Gefrierpunkt. Wer sie jetzt entfernt, beugt Samenbildung vor.

14. *Stauden verjüngen*

Robuste Gartenstauden wie Rittersporn (*Delphinium*), Phlox und Sibirische Wiesen-iris (*Iris sibirica*) sollten alle paar Jahre geteilt werden. Nur die vitalen Teilstücke am Rand der Pflanze werden wieder eingesetzt, erschöpfte Teile der Pflanzenmitte auf dem Kompost entsorgt.

15. *Ranker schneiden*

Vor dem Laubaustrieb kann man sich bei Clematis, Blauregen, Wein und Kletterrosen einen Überblick über den Pflanzenaufbau verschaffen. Zu dicht stehende und alte, abgeblühte Triebe werden entfernt. Clematis können bei Bedarf auch stark zurückgeschnitten werden.

16.

JUWEL: DIE NETZ-IRIS

Sie sieht aus wie eine kostbare Orchidee. Und doch sind ihre Zwiebelchen im Herbst für wenig Geld zu haben. Aus ihnen sprießen ab Februar bis zu 15 cm hohe Blütenstiele. Netz-Iris (Iris reticulata) mag einen Platz an der Sonne und durchlässigen Boden. Dann kommt sie jedes Jahr wieder.

17. UMTOPFZEIT

Für alle in Töpfen und Kübeln wachsenden Zierpflanzen ist bald Umtopfzeit. Lichtintensität und Sonnenscheindauer nehmen zu, das Wachstum startet, und die Pflanzen können in der neuen Erde schnell Wurzeln bilden. Wählen Sie die Gefäße nur ein bis zwei Nummern größer, damit sie rasch durchwurzelt werden.

ERSTE ARBEITEN: Prüfen & Planen

18. VORSICHT VOR VERDICHTUNGEN

Vom Winter bis zum Erstfrühling, also ehe die Vegetation voll in Gang kommt, sammelt sich sehr oft viel Wasser im Boden an. Wenn Sie nun aber allzu unbedacht und oft auf den Beeten laufen, drücken Sie den sehr weichen, etwas aufgeschwemmten Boden nur zu leicht zusammen. Die Folge sind Bodenverdichtungen, die nur schwer wieder aufgelockert werden können. Warten Sie mit intensiven Begehungen und Gartenarbeiten besser so lange, bis der Boden wieder einigermaßen abgetrocknet ist.

20.

DER KRESSE-TRICK

Die meisten Sommer- und Spätsommergemüse wie Möhren und die schnell wachsenden Radieschen werden jetzt an Ort und Stelle in Reihen gesät.
Wenn Sie etwas Salatsamen oder noch besser Kresse, die schnell keimt, unter feine Samen wie Möhrensamen mischen, sind die Reihen viel schneller sichtbar.

19. *Keimprobe machen*

Nur zu oft findet man noch Tüten mit Saatgut, das im vergangenen Jahr nicht ausgesät werden konnte. Auf ihnen ist vermerkt, bis wann der Produzent eine volle Keimkraft garantiert. Ist dieses Datum überschritten, sollten Sie dennoch nicht die Samen wegwerfen, sondern mit einer einfachen Keimprobe überprüfen, was sich noch tut. Dazu bringen Sie einen Teil des Samens auf einem Wattebett aus und halten es warm und feucht. Die Anzahl der Keimlinge, die sich spätestens nach drei Wochen regen, gibt Aufschluss über die Keimkraft der Samenpartie. Auch bei selbst gesammeltem Saatgut aus dem eigenen Garten ist eine solche Keimprobe hilfreich.

21. Tomatenanzucht planen

Zu den begehrtesten Gemüsesorten im Garten gehören die vielfältigen Tomaten. Wer Pflanzen selbst heranziehen möchte, muss jetzt mit der Aussaat beginnen; die Anzucht gleicht der von Sommerblumen. Tomaten sind besonders lichthungrig und dürfen nicht dursten. Ins Freiland können sie erst gepflanzt werden, wenn keinerlei Frostgefahr mehr herrscht und im Vollfrühling sich stabile, milde Bedingungen dauerhaft zeigen. Tomatenlaub ist leider sehr empfindlich gegenüber Pilzkrankheiten, besonders der Krautfäule. Dieser Pilz grassiert geradezu, wenn die Blätter von Regenwasser benetzt sind – in nassen Sommern kommen sie kaum zur Blüte. Nur sehr wenige Züchtungen lassen sich also mit Erfolg ohne Bedachung im Gemüsebeet halten – wesentlich sicherer ist es, sie mit einem durchsichtigen Plastikzelt zu schützen. Ideal ist freilich ein kleines Gewächshaus.

22.

WAS WIRD WANN VORGEZOGEN?

Viele sehr schöne einjährige Sommerblumen brauchen eine gewisse Zeit, um sich vom Samenkorn zu einer blühfähigen Pflanze aufzubauen. Da sie aber frostempfindlich sind, können sie noch nicht direkt ins Freiland gesät werden – aber sie lassen sich am Fensterbrett vorziehen. Sehr früh sollte man etwa mit Ziertabak (Nicotiana), Eisenkraut (Verbena) oder Pelargonien (Pelargonium) beginnen – als Stichtag hat sich der Valentinstag (14. Februar) bewährt. Das Gros der Blumen hat aber noch Zeit bis etwa zum Ende des Erstfrühlings. Gesät wird grundsätzlich in eine Saatschale mit feuchter Aussaaterde, die hell und warm aufgestellt wird. Die Keimung erfolgt meist innerhalb von etwa zwei Wochen – danach stellt man sie etwas kühler, aber immer noch hell, bei etwa 18° C auf. Haben die Pflanzen zwei arttypische Blätter, werden sie pikiert – sie kommen dann einzeln oder tuffweise in kleine Töpfe, wo sie bis zum Auspflanzen nach den Eisheiligen bleiben.

Keimt schnell: die Sonnenblume

LEBERBLÜMCHEN & CO.

23. FRÜHLINGSSTAUDEN UNTER GEHÖLZEN

Wer denkt, unter Bäumen und Sträuchern wächst nichts, irrt. Selbst dort, wo das sommerliche Blätterdach kaum noch Licht an den Boden lässt, ist es im Frühling hell und sonnig. Solche Plätze lassen sich mit sogenannten Frühlingsgeophyten beleben. Diese Pflanzen blühen und wachsen im Frühling und stammen aus dichten Laubwäldern. Im Sommer ziehen sie ein oder stellen das Wachstum ein. Zu ihnen gehören viele beliebte Zwiebelpflanzen, aber auch Stauden wie unser einheimisches Buschwindröschen (*Anemone nemorosa*) und das oben gezeigte Leberblümchen (*Hepatica nobilis*). Alle Frühlingsgeophyten sind anspruchslos und kommen mit sommerlicher Trockenheit unter den Gehölzen sehr gut zurecht. Wenn man sie in Ruhe lässt, säen sie sich selber aus und bilden mit den Jahren je nach Art größere Bestände. Beim Ansiedeln der kleinen Stauden ist es wichtig, sie im Jahr der Pflanzung ausreichend zu gießen.

24.

In Japan gibt es äußerst wertvolle Leberblümchen, die nicht verkauft werden dürfen und gehütet werden wie ein Familienschatz. Auch bei uns gibt es besondere Sorten, die man über den Fachhandel beziehen kann.

25. Trockene Standorte beleben

Jetzt ist Pflanzzeit für Stauden. Wer an trockenen Gartenplätzen im Schatten auch im Sommer nicht auf Grün verzichten will, hat eine erstaunliche Auswahl an bodendeckenden Stauden zur Auswahl. Zu den schönsten zählt der Blaurote Steinsame (*Buglossoides purpurocaerulea*), der mit seinen drahtigen Stängeln und zierlichen schmalen Blättern schnell auch Flächen unter Nadelbäumen bewächst. Er blüht im Frühling einzianblau. Goldgelb blüht das dickblättrige Goldtröpfchen (*Chiastophyllum oppositifolium*), das weniger ausbreitungsfreudig ist. Die immergrüne Staude lässt sich gut mit Zwiebelpflanzen wie dem winterharten Vorfrühlings-Alpenveilchen (*Cyclamen coum*), kombinieren.

26. WALDBLUMEN ZUM VERWILDERN

BUSCHWINDRÖSCHEN

Vor allem in heimischen Buchenwäldern bildet es im Frühling große Bestände. Mit kriechenden Rhizomen und durch Selbstaussaat vermehrt sich die wilde kleine Anemone nemorosa schnell.

HOHLER LERCHENSPORN

Aus einer kleinen Knolle treiben zeitig farnartige Blätter und weiße oder blasslila bis auberginefarbene Blütenstände. Corydalis cava sät sich reichlich aus. In Staudengärtnereien gibt es auch rote Auslesen.

BLÜTENTEPPICHE PFLEGEN

27. AUS EINS MACH 100 Wer solche Blütenmeere wie oben mit dem Blausternchen (*Scilla sibirica*) im Garten verwirklichen möchte, sucht für die kleinen Zwiebeln, die im Herbst gepflanzt werden, am besten eine Stelle, an der nicht geharkt oder gegrubbert wird. Im Rasen geht es auch, allerdings sollte er dann nicht vor Mitte Mai gemäht werden. Die Pflanzen brauchen nach der Blüte Ruhe, um ihre Samen reifen zu lassen. Diese werden dann durch Ameisen verbreitet, und mit den Jahren ergeben sich durch Selbstaussaat teppichartige Bestände. **28. AUS 100 MACH 1.000** Wer nicht so lange warten möchte, beginnt mit einer größeren Anzahl von Zwiebeln. Da sie günstig zu haben sind, ist der Einsatz nicht allzu hoch. Und eine blühende Investition obendrein. **29. DIE BESTEN** Neben Blausternchen eignen sich auch Winterling, Schneestolz (*Chionodoxa*) und Krokusse dafür.

Hanging Baskets: 3 Tipps

30. MIT MOOS POLSTERN Die hübschen „Hanging Baskets“ kommen aus England. Hier wird ein Drahtkorb mit Vlies und Lagen von Moos ausgelegt und dann mit Erde gefüllt.

31. GUTE ERDE NEHMEN Da die Erde ohne schützenden Topf schneller austrocknet, sollten Sie eine gut wasserspeichernde Erde mit Lehmanteil, etwa Kübelpflanzenerde, wählen.

32. DICHT BEPFLANZEN Die Frühjahrsbepflanzung sollte dicht sein, da die Pflanzen nicht so viel Zeit zum Wachsen haben!

33. Auf den Spuren der Blumisten

Ein seltsames Wort für eine noch seltsamere Leidenschaft: Die „Blumisten“ erhoben im ausgehenden 18. Jahrhundert die Züchtung von Pflanzen zur Kunst. Typische Blumisten-Blumen sind Aurikeln, Nelken und andere Gewächse mit altmodischem Charme. Die Blumisten liebten ungewöhnliche Blüten mit seltenen Farben, Formen und Zeichnungen. Heute wird die Vorliebe für diese Pflanzen wiederentdeckt. Aber nur wenige Sorten haben sich aus damaliger Zeit erhalten. Werden Sie also Blumist und suchen Sie nach alten Gartenschätzen!

34.

AURIKELN

Sie wachsen wild in den Alpen und gehören in zahlreichen Show-Sorten zu den Stars unter den altmodischen Sammlerpflanzen. In hohen Töpfen mit durchlässiger Erde gedeihen die Pflanzen im Freien bestens. Nässeschutz im Winter und Tomatendünger sagen ihnen zu und helfen, ihre nostalgische Schönheit zu erhalten.

KAMELIEN:

35. STANDORT WÄHLEN

Viele Kamelien sind erstaunlich winterhart und können ausgepflanzt im Garten die Winter überstehen. Neben der Sortenwahl ist aber der Standort entscheidend. Grundsätzlich können diese herrlichen Gehölze in den meisten Gegenden Deutschlands mit entsprechenden Schutzmaßnahmen nicht nur überleben, sondern auch gedeihen. Ausnahmen sind Regionen, in denen Winter mit Temperaturen von -20° C und langen Starkfrostperioden die Regel sind. Ansonsten sollte der Standort weitgehend windgeschützt sein und keine Morgensonne erhalten. Diese ist im Winter bei Frost nämlich schädlich, weil sie die Blütenknospen schnell erwärmt und die Pflanzenzellen den enormen Temperaturunterschied nicht aushalten können. Ideal sind Plätze im Windschatten von Gebäuden oder immergrünen Gehölzen.

36. BODEN VORBEREITEN

Kamelien lieben einen lockeren und humosen Boden, der mit Laubkompost oder Torf angereichert ist. Ein leicht saures Milieu, ähnlich wie Rhododendren es mögen, sagt ihnen besonders zu.

37. IDEALE PFLANZPARTNER

Da Kamelien Flachwurzler sind, empfehlen sich zur Unterpflanzung keine Stauden mit dichtem Wurzelwerk, das viel Nährstoffe verbraucht. Farne sind gute Gesellschafter, während Azaleen und andere Kleinsträucher sich als blühende Gesellschaft eignen.

38. BEWÄHRTE SORTEN FINDEN

Freilandkamelien erregen immer Aufsehen. Neben den Sorten von Camellia japonica (oben) gelten auch die Formen von Camellia x williamsii als sehr gut winterhart. Unten links die cremefarbene Sorte 'Jury's Yellow', rechts daneben in Magenta 'Debbie'.

SCHÖNHEITEN AUS FERNOST

Der **Formenreichtum** der Kamelien ist groß. Es gibt gefüllte und einfache Blüten mit sichtbaren Staubgefäßen (oben rechts).

39.
FROSTSCHÄDEN ERKENNEN

Nach sehr kalten Wintern kommt es vor, dass die Kamelien alle Knospen verlieren und sehr spät austreiben. Dies ist auf ein Erfrieren der Triebknospen zurückzuführen. Aber: Solange das Laub noch nicht abfällt, können sich die Sträucher aus schlafenden Augen in den Blattachseln regenerieren. Es kann aber bis zum Hochsommer dauern, bis sie austreiben. Geben Sie Ihre Pflanzen nie zu früh auf. Besonders ältere, eingewachsene Exemplare regenerieren sich zuverlässiger als junge oder frisch gesetzte Pflanzen.

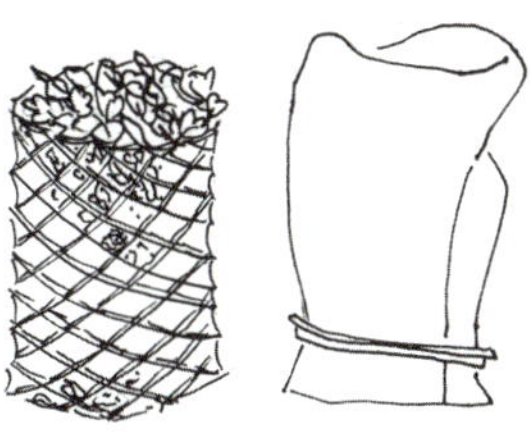

Winterschutz aus einer Drahtreuse mit Laub oder einem Gärtnervlies

40. WINTERSCHUTZ SELBST BAUEN

Das Thema Winterschutz erregt immer die Gemüter. Soll man die Pflanzen nun dick einpacken oder nicht? Die Antwort lautet: Solange die Temperaturen für Kamelien auch ohne Winterschutz erträglich sind (dies gilt ungefähr bis -10° C, die eigentlich schadlos überstanden werden), genießen sie Licht und Luft. Dennoch sollten Sie den Wurzelbereich schon im Herbst mit einer dicken Laubschicht mulchen und junge Exemplare auch damit anhäufeln. So bleiben die Wurzeln geschützt. Kritisch wird es für Kamelien erst bei langen Kahlfrostperioden mit austrocknenden Winden und Extremtemperaturen jenseits der -15 °C. Dann sollten Vliesabdeckung über Bambusstäben oder bei kleineren Pflanzen eine Drahtreuse, die mit trockenem Laub (Eiche!) verfüllt wird, ausreichend Schutz bieten.

41. Lenzrosen leicht vermehren

Als Lenzrosen bezeichnet man die im Vorfrühling mit der Blüte beginnenden Verwandten der Christrose (*Helleborus niger*), die schon um die Weihnachtszeit zu blühen beginnt. Unsere Lenzrosen sind meistens Formen der Art *Helleborus orientalis* und haben ein breites Spektrum an Blütenfarben und -formen. Als Gartenstauden sind sie unkompliziert und anspruchslos. Sonne und Schatten sagen ihnen gleichermaßen zu. Sie säen sich leicht aus, wer das Verbluhte nicht abschneidet, wird im nächsten Frühjahr die ersten Keimlinge unter den Pflanzen erkennen können. Sie fallen oft anders als die Mutterpflanze aus.

LENZROSEN

42. SCHÖNE BLÜTENFORMEN UND FARBEN

Einfache Blüte

Diese weiß blühende Lenzrose zeigt die Blütenform der wilden Helleborus orientalis. Hier kommen grüne Bereiche in der Blütenmitte dazu.

Blaue Blüte

Als „blau" oder schieferfarben bezeichnet man Sorten, die dunkle Blüten haben und oft einen stumpfen Glanz auf den Blütenblättern zeigen.

Anemonenblüte

Bei dieser gepunkteten Form (Guttatus-Form) sind die Staubgefäße teilweise vergrößert. So ergibt sich ein Rüschenkranz in der Mitte.

Gefüllte Blüte

Hier sind alle Blütenblätter ungefähr gleich groß und in mehreren Kränzen angeordnet. Manche gefüllte Form ist steril, setzt also keinen Samen an.

TOPFGÄRTCHEN

43. *Sukkulenten*

So einfach geht das: Im Frühling müssen es nicht immer Stiefmütterchen & Co. sein. Die abgebildete Bitterwurz (*Lewisia*-Hybriden) ist ein frostsicherer Frühlingsblüher, der dank der wasserspeichernden Blätter auch das vergessene Gießen toleriert.

44. *Sparsam gießen*

Bitterwurz und andere dickblättrige Freilandsukkulenten (so nennt man Pflanzen mit wasserspeicherndem Gewebe) kommen auch mit weniger Wasser aus. Allerdings können sie bei anhaltendem Regen in herkömmlichem Substrat auch rasch faulen. Nehmen Sie daher immer sandige Erde mit etwas Lavagrus.

45. *Selten düngen*

Wer schon Wasser speichern muss, ist von der Natur nicht verwöhnt worden. Sukkulenten werden selten gedüngt, und dann mit der halben Konzentration wie auf der Packung angegeben. So bleiben sie bestens in Form!

KRÄUTER AUF DEM BALKON

So werden sie besonders aromatisch

46. Gute Sorten wählen Es ist so leicht, im eigenen Garten stets frische Kräuter für die Küche bereitzuhaben. Mediterrane Kräuter wie Rosmarin, Thymian, Oregano, Bergbohnenkraut, Salbei oder Ysop sind sehr aromatisch und versagen auch in kühlen Sommern nicht. ***47. Magere Kräutererde herstellen*** Der Boden muss durchlässig sein – Blumenerde müssen Sie mit reichlich Sand mischen, damit es nicht zu Staunässe kommt. Düngen Sie selten; zu viele Nährstoffe lassen die Pflanzen mastig wachsen, und ihr Aroma ist viel schwächer. ***48. Pflanzen abhärten*** Frisch gekaufte Pflanzen aus der Kräutergärtnerei sind gut abgehärtet. Bei Exemplaren aus dem Gartencenter sollten Sie das Gießen allmählich etwas reduzieren. ***49. Volle Sonne geben*** Gönnen Sie allen Würzkräutern viel Sonne und Wärme. Das verstärkt den Gehalt an ätherischen Ölen.

50. *Einen dekorativen Kräutertopf bepflanzen*

DRÄNAGE

In das Gefäß wird zunächst eine Lage aus Tonscherben eingebracht. Darüber schütten Sie Blähton, der ebenfalls der Dränage dient.

SAND DAZU

Unter Blumenerde mischen Sie Sand, ungefähr zu gleichen Teilen, dann ist die Mischung mager, und das verbessert den Geschmack der Kräuter.

MISCHEN

Vermengen Sie beides sorgfältig miteinander. Der Boden soll leicht angefeuchtet nicht formbar sein. Alternativ können Sie Kräutererde nehmen.

PFLANZEN

Wählen Sie Kräuter mit gleichen Standortansprüchen. Für unseren Sonnenplatz sind es bunter Salbei, Oregano und gelber Zitronenthymian.

51. KRÄUTER VERSCHENKEN

Statt Blumen: Ein paar frische Kräuterpflanzen machen den Beschenkten – ganz gleich ob küchenbegeistert oder gartenverliebt – den ganzen Sommer lang Freude. Auch auf dem Balkon oder auf dem Fensterbrett ist dafür Platz. Achten Sie darauf, dass das Pflanzgefäß ein Abzugsloch hat.

52. BLUMEN & KRÄUTER

Warum verbinden Sie nicht das Schöne mit dem Nützlichen? Kombinieren Sie im Balkonkasten Blumen und Kräuter. Vom Salbei gibt es zum Beispiel buntlaubige Sorten, die sehr attraktiv sind. Auch Schnittlauch und Oregano sehen im Blumenkasten hübsch aus und zeigen im Sommer noch eine schöne Blüte.

LOCKERN

Gute Kräuter haben einen festen, vollkommen durchwurzelten Topfballen. Lockern Sie ihn vorsichtig, das erleichtert das Anwachsen.

ABDECKEN

Nach dem Einsetzen wird Erde angefüllt. Achten Sie darauf, dass alle Zwischenräume gut mit Erde gefüllt sind. Suchen Sie sich Kiesel als Deko.

DEKORIEREN

Die Kieselsteine auf der Erdoberfläche dienen nicht nur als Zierde. Sie erwärmen sich in der Sonne und verbessern das Kleinklima etwas.

FERTIG!

Auch ein Rosmarin hat sich noch dazugesellt. Er komplettiert die kleine, aber feine Gesellschaft aus köstlichen mediterranen Kräutern.

MAGNOLIEN: *Aristokraten unter den Blütengehölzen*

53. SO FINDEN SIE DIE RICHTIGE MAGNOLIE

Ihr Blütenreichtum ist legendär, und die damit verbundene Angst vor einem Spätfrost, der alle Pracht in einer Nacht vernichtet, macht manchem Gartenfreund zu schaffen. Dennoch: Wer einen Garten hat, sollte auf Magnolien nicht verzichten. Dabei muss es nicht immer die raumgreifende Tulpen-Magnolie (*Magnolia* x *soulangeana*, das x bedeutet, dass die Pflanze eine Kreuzung ist) sein. Die Stern-Magnolie (*Magnolia stellata*) passt mit gut zwei Meter Höhe in fast jeden Garten. In neuerer Zeit sind viele später blühende Züchtungen dazugekommen, so zum Beispiel die rubinrote 'Genie' oder die alpenveilchenrosa Sorte 'Cleopatra'. Beide werden nicht so groß wie eine Tulpen-Magnolie und bleiben schlanker im Wuchs. Alle Magnolien mögen einen nahrhaften, leicht sauren Gartenboden und einen Platz in der Sonne oder im Halbschatten. Nur sehr heiße Südlagen sind ungeeignet. Die Wurzeln sollten beschattet sein.

54.

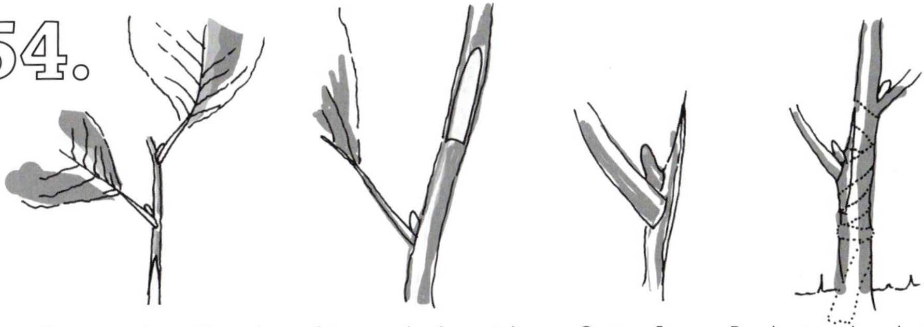

Magnolien vermehren Magnolien gehören zu den kostspieligeren Gartenpflanzen. Das liegt an der schwierigen Vermehrung. Meistens wird ein Rindenspan mit einer Triebknospe auf einer Unterlage zum Wachsen gebracht.

55. Für frühe Blüte

Die Stern-Magnolie ist auch für Kreuzungen verwendet worden. Daraus entstanden so herrliche Blütenformen wie die der unten abgebildeten Sorte *Magnolia* x *loebneri* 'Wildcat'. Sie entwickelt sich zu einem stattlichen großen Strauch mit Blüten, die bis zu 52 Blütenblätter haben.

Dicht gefüllt: Magnolia x loebneri 'Wildcat' mit Blütenkunstwerken

56. Für späte Blüte

Zu den Klassikern unter den Tulpen-Magnolien gehört die Sorte 'Lennei'. Ihre bauchigen, pokalförmigen Blüten haben dicke Blütenblätter, die außen rosarot und innen weiß sind. Der ausladende Strauch braucht aber sehr viel Platz im Garten. Er wird mit dem Alter immer schöner.

Pokalförmig: Magnolia 'Lennei' hat einen ausladenden Wuchs.

57. Für lange Blüte

Die Lilienblütige Magnolie (*Magnolia liliiflora*) ist ein dicht verzweigter Strauch, der schlanke Blütenknospen trägt. Er beginnt erst später mit der Blüte, die bis in den Sommer andauert. Diese Art eignet sich auch für kleinere Gärten und spätfrostgefährdete Lagen besser als andere.

Lilienblütig: Magnolia liliiflora hat eine sehr lange Blütezeit.

58. *Sommerblühende Gehölze jetzt schneiden*

Ähnlich wie Rosen werden nun einige Gehölze geschnitten, die an dem diesjährigen Holz etwa ab Sommer blühen. Zu dünnes, altes Holz wird komplett ausgeschnitten und die dicken, vitalen Triebe werden auf etwa ein Drittel der ursprünglichen Länge zurückgesetzt. So treiben sie kräftig aus und blühen prächtig. Sommerflieder (*Buddleja davidii*), Rispenhortensien (*Hydrangea paniculata*) oder Kegelhortensien (*Hydrangea arborescens*) reagieren bestens auf diesen Schnitt. Allerdings legen Hibiskus (*Hibiscus syriacus*) oder Bauernhortensien (*Hydrangea macrophylla*) ihre Blüten bereits im Vorjahr an – hier wird nicht geschnitten, sonst bringt man sich um die Blütenpracht.

KLASSIKER DES FRÜHLINGSGARTENS

Drei Lieblingspflanzen aus alter Zeit

2-jährig: Vergissmeinnicht

Myosotis sylvatica

Das Vergissmeinnicht fand aus dem Wald in die Gärten. Es ist zweijährig und sät sich reichlich selber aus. Sträuße halten sich länger, wenn man sie eine Nacht in feuchtes Zeitungspapier wickelt.

Gehölz: Gemeiner Schneeball

Viburnum opulus ' Sterile'

Mit grünlich-weißen Blütenbällen macht der Schneeball seinem Namen Ehre. „Gemein" heißt, dass es die häufigste heimische Art ist. Die Form 'Sterile' hat unfruchtbare Blüten und daher keine Beeren.

Staude: Tränendes Herz

Dicentra spectabilis

Das Tränende Herz ist eine langlebige Staude, die bis zu 80 cm hoch wird. Nach der Blüte zieht das Laub oft ein, im nächsten Frühjahr treiben die Pflanzen wieder aus. Vor Spätfrost schützen!

62.

Öfter blühende Rosen schneiden

Alle Rosensorten, die mehrmals im Sommer blühen, werden jetzt zurück geschnitten. Junge Pflanzen (außer kletternde Spielarten), die erst ein bis zwei Jahre sind, beschneidet man stark auf etwa 30 cm Höhe, eingewachsene Rosen kürzt man um etwa ein Drittel bis die Hälfte ein. Belassen werden nicht verzweigte Triebe, die mindestens so dick sind wie ein Bleistift. Stehen Triebe sehr eng nebeneinander, entnimmt man den schwächeren oder älteren. Geschnitten wird leicht schräg über einem Auge, das möglichst aus der Pflanzenmitte herausweist.

63.

LAUB VERDECKEN

Dicke Tuffs von Zwiebelpflanzen hinterlassen nach der Blüte oft eine unansehnliche Stelle. Kaschieren Sie diese mit Stauden, die schnell austreiben.

64. MEHRJÄHRIGE PFLANZEN DÜNGEN

So langsam kommen die Gartenpflanzen in Fahrt und brauchen Nährstoffe. Sträucher, Rosen, Stauden und großblumige Zwiebelgewächse wie Kaiserkronen, Hyazinthen, Narzissen und Tulpen profitieren von einer ersten Düngergabe. Wählen Sie organische Düngemittel wie Hornmehl, Hornspäne oder Ähnliches; damit ist eine Überdüngung nicht so leicht möglich. Bei einigen Pflanzenarten, etwa Rosen, ist ein Spezialdünger zwar sinnvoll, im Frühling aber kein „Muss".

ALTERNATIVE: fertiger Universaldünger

65. FRÜHLINGSBLUMEN
für kleine Sträuße

a. Narcissus triandus 'Ice Wings'
Weiße Engelstränen-Narzisse
b. Vinca minor
Kleines Immergrün, ein robuster Bodendecker
c. Helleborus orientalis
Eine dunkelrote, gefüllt blühende Hybride der Art
d. Narcissus 'Actaea'
Eine altbewährte Sorte, die der Dichternarzisse ähnelt.
e. Dicentra eximia
Die Zwerg-Herzblume ist ein schöner Schattenblüher.
f. Muscari armeniacum
Die blaue Traubenhyazinthe sät sich auch selber aus.
g. Narcissus in Sorten
Kleinblumige Formen passen auch in kleinere Beete.
h. Hyazinthus in Sorten
Mit ihrem schweren Duft betören die Hyazinthen jeden.
i. Helleborus-orientalis-Hybride
j. Pieris japonica
Die Lavendelheide ist ein immergrüner Strauch.
k. Iberis sempervirens
Als Steingartenstaude ist die Schleifenblume beliebt.

66.
EIN FRÜHLINGSGARTEN im Glas

Eine bunte Mischung von Frühlingsblumen offenbart in einer flachen Glasschale ihre natürliche Schönheit. Damit die Blüten gut halten, werden moosbewachsene Zweige und Reisig von trockenem Lavendel und ähnlichen feintriebigen Gewächsen verwendet – Abschnitte, die beim Frühjahrsputz im Garten anfallen. Als Blüten werden zartrosa Ranunkeln, duftende Freesien vom Gärtner, weiße Tazetten, Schneeball und Hyazinthen eingesetzt. Hier gibt das haltende Zweigwerk die Gestaltung vor. Schwere Blüten sind besser am Rand aufgehoben, da haben sie mehr Halt.

GEMÜSEGARTEN

67. ERBSEN SÄEN

Bei milder Witterung können von Ende März bis Mitte April Erbsen gesät werden. Die Körner werden etwas in den Boden gedrückt, empfehlenswert ist ein Abstand von 20 cm und die Saat in Doppelreihen, also zwei Reihen im Abstand von 20 cm. Das sorgt für Standfestigkeit! Man unterscheidet Pal- oder Schalerbsen, die nach der Ernte getrocknet werden, süße Markerbsen und Zuckererbsen.

68. *Tagetes* *für guten Boden*

Ein gutes Bodenleben erreichen Sie zum Beispiel durch die Saat von Studentenblumen (*Tagetes*) auf Ihren Gemüsebeeten. Sie sind seit Langem ein probates Mittel gegen Bodenmüdigkeit. Die orange oder gelb und braunrot blühenden Einjährigen sind resistent gegen Nematoden (Fadenwürmer), die vielen Nutzpflanzen das Leben schwer machen. Nach einer Saison mit blühenden *Tagetes* wird Ihr Gemüse wieder gedeihen.

Bodenverbesserer: die Studentenblume

69. LECKERES BASILIKUM

Drei Sorten des wärmebedürftigen Krautes für köstliche Gerichte

Zart & grün: So kennen wir das zarte Basilikum. Vorsicht bei der Eingewöhnung im Freien!

Dekorativ & rot: Auch dunkellaubige Sorten dürfen erst nach den Eisheiligen ins Freie.

Würzig & exotisch: Das Thai-Basilikum hat festere und exotisch würzende Blätter.

70. FRUCHTWECHSEL

Bei der Planung Ihrer Gemüsebeete müssen Sie unbedingt berücksichtigen, dass nicht die gleichen Arten jedes Jahr auf den gleichen Beete wachsen dürfen. Besonders bei den vielen Kohlsorten kann das zu einem ernsten Problem führen – Kohlhernie ist ein einzelliger Wurzelparasit, der die Pflanzen sehr stark schädigt. Er stellt sich grundsätzlich aber nicht ein, wenn Kohl frühestens im Rhythmus von drei Jahren an die gleiche Stelle gepflanzt wird. Außerdem beanspruchen die verschiedenen Pflanzenarten den Boden unterschiedlich. Starkzehrer wie etwa Kohl, Tomaten oder Zucchini entziehen sehr viele Nährstoffe. Nach ihnen sollten Pflanzen mit geringerem Nährstoffbedarf, sogenannte Schwachzehrer gesetzt werden – etwa Dicke Bohnen, Feldsalat, Kräuter oder Kresse.

71. ERSTE ERNTE:

Gemuse im Frühbeet

Auch wenn für die meisten Gemüsearten die Freilandbedingungen einen Anbau ohne Weiteres erschweren, lassen sich mit einem geringen Aufwand bereits Salate oder Radieschen nun kultivieren. Sie brauchen dazu ein Frühbeet. Hier handelt es sich um knapp kniehohe Aufbauten meist aus Steinen oder Brettern, die mit Glasscheiben abgedeckt werden. Leichte Fröste werden somit abgehalten, und die Sonne erwärmt dieses Beet besonders stark. An warmen Tagen muss aber gelüftet werden, damit die Temperaturen nicht zu sehr ansteigen.

72. *Kräuter im Halbschatten*

Auch an Standorten, an denen die Sonne nicht den ganzen Tag scheint, lassen sich sehr leckere Kräuter anbauen. Am wichtigsten ist, dass der Boden nie ganz austrocknet und in seiner Konsistenz an einen Waldboden erinnert. Das bekannteste Küchenkraut, das im Halbschatten und Schatten gedeiht, ist der Bärlauch (*Allium ursinum*); ebenso reizvoll sind aber auch Süßdolde (*Myrrhis odorata*), deren fein gefiederte Blätter nach Lakritz und Anis schmecken, oder die noch filigraner wachsende Bärwurz (*Meum athamanticum*) mit ihrem köstlichen Aroma, das an Liebstöckel erinnert.

73. GIERSCH EINFACH AUFESSEN

Zu den hartnäckigsten Unkräutern gehört Giersch. Ist eine ganze Fläche von ihm besiedelt, hilft tatsächlich nur, alle Kulturpflanzen dort aufzunehmen und deren Wurzeln akribisch von den kleinen Gierschwurzeln zu befreien. Gehen Sie mit einer Grabegabel durch das Beetstück und holen Sie ebenfalls alle Gierschwurzeln dort heraus. Selbst kleinste Stücke regenerieren sich in Rekordzeit. Lassen Sie Giersch niemals zur Blüte kommen, sonst besetzt er schnell auch andere Bereiche des Gartens. Ein Trost mag sein, dass die vitaminhaltigen Blätter sich sehr gut in der Küche verarbeiten lassen – sehr lecker sind sie als Spinatersatz; mit Zwiebeln, Knoblauch und Muskat eignen sie sich ausgezeichnet etwa zum Belegen von Pizza oder zum Füllen von Blätterteigtaschen oder Pasta.

74. WALDMEISTER LANGE ERNTEN

Eine Regel besagt, dass Waldmeister nur bis zum Einsetzen seiner Blüte geerntet werden darf – angeblich ist der Gehalt an Cumarinen danach zu hoch und würde schädlich wirken. Nachgewiesen wurde aber, dass der Cumarin-Gehalt auch im Laufe des Jahres nicht so stark ansteigt, dass er bei küchenüblicher Verwendung für Menschen eine Gefahr werden kann. Keine Sorge also, wenn Sie einmal eine Maibowle im Juli zubereiten möchten.

75.

RHABARBER JETZT ERNTEN

Ist eine Rhabarberstaude erst einmal eingewachsen, liefert sie zahlreiche Stiele, die geerntet werden können. Entnehmen Sie der imposanten Staude etwa die Hälfte ihrer Triebe – die andere Hälfte braucht sie, um sich wieder zu regenerieren. Der Erntezeitpunkt zieht sich etwa bis Mittsommer hin; später sollte die Pflanze geschont werden. Zeigen sich Blütenstände, brechen Sie diese besser aus; auch sie kosten die Pflanzen reichlich Kraft.

76. *Übertunneln*

Planen Sie beim Aussäen oder Setzen von Gemüsepflanzen besonders bei Kohlsorten eine Übertunnelung durch Vlies ein. Das hält Schädlinge wie Kohlweißlingsraupen zuverlässig fern. Sehr bewährt haben sich gebogene Halterungen, die ein lichtdurchlässiges Vlies tragen. Anders als bei Plastikhauben staut sich hier nicht die Hitze, und der Schutz ist dennoch gewährleistet. Obendrein sind sie leicht anzubringen.

77. KARTOFFELN

Ursprünglich aus Südamerika stammend, liebt das Nachtschattengewächs Wärme. Ab Mitte April können die Knollen aber in den Boden gesteckt werden. Leichte Spätfröste schaden nicht.

78. SPINAT & SALAT

Jetzt wachsen bereits im März gesäte Salate im Frühbeet heran. Besonders Pflücksalate sind jetzt gefragt, man kann von ihnen wochenlang immer die äußeren Blätter abzupfen. Sie wachsen auch prima im Topf und sogar in einem Balkonkasten problemlos heran. Allerdings muss man sie in vielen Städten vor den hungrigen Tauben schützen, die die saftigen grünen Blätter gerne fressen. Neben vitaminreichen Salaten ist auch der erste Spinat jetzt erntereif, sofern er im Februar im Frühbeet oder schon im vergangenen September im Freiland gesät wurde. Spinatblätter sind sehr gut als knackiger und kräftig schmeckender Salat geeignet.

TOMATEN SELBER ZIEHEN

79. ROBUSTE SORTEN AUSSUCHEN Das größte Problem bei der Kultur von Tomaten im Freiland ist ihre Anfälligkeit gegenüber Kraut- und Braunfäule. Inzwischen gibt es im Handel sehr wohlschmeckende, resistente oder auch wenig anfällige Sorten. Achten Sie beim Saatgutkauf also darauf.

80. GUTE AUSSAATERDE NEHMEN Tomaten werden im März ausgesät und im Zimmer oder Gewächshaus vorkultiviert. Dort ist das Lichtangebot oft nicht optimal. Daher sollte die Aussaaterde nur wenig vorgedüngt sein, damit die Pflanzen nicht zu weich und lang werden. Nach ca. acht Tagen sollten sie bei Temperaturen um 20° C gekeimt sein.

81. NICHT ZU VIEL GIESSEN Wässern Sie mäßig, aber regelmäßig: Sämlinge sind empfindlich gegen Staunässe. Ein Teil Sand und drei Teile Aussaaterde sorgen für mehr Durchlässigkeit.

82. HELL HALTEN Am besten ist die Vorkultur an einem sehr hellen Fenster. Aber Vorsicht: Dicht hinter der Scheibe kann es schon zu heiß werden.

QUÄLGEISTER im Garten

83. WÜHLMÄUSE

Während im Winter eine Bekämpfung von Wühlmäusen durch Giftköder am sinnvollsten ist, können Sie während des Sommers mit Fallen gegen die gefräßigen Tiere vorgehen. Alle Fallen werden in die Gänge eingeführt – diese muss man finden und öffnen, die Falle aufstellen und den Gang wieder verschließen. Am besten bewährt haben sich Schlagfallen, die zu beiden Seiten des Ganges offen sind. Die Tiere lösen beim Durchlaufen den Mechanismus aus und werden sofort getötet. Mitunter kommen die Fallen mehrere Wochen an verschiedenen Stellen im Garten zum Einsatz.

84. MAULWÜRFE

Auch wenn mancher Gartenfreund es nicht verstehen mag – aber Maulwürfe dürfen nicht getötet werden. Die einzeln lebenden Tiere fressen keine Pflanzenteile, können aber mit ihren typischen Erdhügeln und den Gängen, die sie bauen, lästig werden. Allerdings verteidigen sie ihr Gangsystem auch gegen Wühlmäuse und sind bei Weitem das kleinere Übel. Vertreiben lassen sich Maulwürfe durch Vergrämungsmittel, die es im Handel gibt. Man kann sich auch die Mühe machen, sie mit einer Lebendfalle zu fangen und weit entfernt auf einer freien Wiese wieder auszusetzen.

85. SCHNECKEN

Es ist erstaunlich, dass bereits zu dieser Jahreszeit die ersten Schnecken unterwegs sind. Vor allem kleine Schneckenarten gehören zu den Frühstartern und hinterlassen die ersten Fraßspuren an austreibenden Pflanzen. Sie ziehen sich tagsüber und bei Kälte in den Boden zurück und sind daher schwer einzusammeln. Am wirksamsten ist die Bekämpfung mit einem umweltverträglichen Schneckenkorn. Gehen Sie so früh wie möglich gegen diese Tiere vor, damit sich nicht in den folgenden Wochen große Populationen von ihnen aufbauen; die Vermehrungsrate ist hoch!

IM LANDHAUS-GARTEN

Lieblingsstaude AKELEI

86. *Individuell gestalten*

Landhausgärten kann es in der Stadt und auf dem Land geben. Es kommt darauf an, in der Gesamtanlage und in den Beeten einen ländlichen Charme zu zeigen: Bunte Farben statt eines einheitlichen Farbschemas, eine fantasievolle statt einer strengen Gestaltung sind Trumpf. Lassen Sie Ihrer Fantasie dabei ruhig freien Lauf.

87. *Unkompliziert pflanzen*

Bei den Beeten– ganz gleich, ob Sie Stauden und Gehölze oder Sommerblumen und Gemüse kombinieren – sind robuste Pflanzen wichtig. Ein Landhausgarten lebt von den altbewährten Arten. Strauchrosen, Prachtstauden wie Päonien und Phlox, auch Zweijährige wie Fingerhut und Bartnelken gehören unbedingt dazu.

OFFENE BLÜTE

Manchmal entstehen statt der typischen, gespornten Akeleiblüten auch ganz offene Formen.

GEFÜLLTE BLÜTE

Viele schmale Blütenblätter hat die reinrote Sorte Aquilegia `Ruby Port`. Sie blüht recht lange.

GESPORNTE BLÜTE

Eine langspornige Akelei ist die reinweiße, großblumige Sorte `Kristall`, die aber kurzlebig ist.

6 REGELN *für den Landhausgarten*

88. Arbeit minimieren Rasen mähen kostet Zeit. Bepflanzen Sie darum im ländlich wirkenden Garten die Flächen mit bodendeckenden Stauden oder setzen Sie größere Stauden in Gruppen, das spart tatsächlich wöchentlich Zeit.

***89.* BUNT:** *Kombinieren Sie Pflanzen verschiedener Blütenfarben und Blütezeiten. So bleiben die Beete abwechslungsreich.*

***90.* DICHT:** *Je dichter Sie pflanzen, desto weniger Chancen hat Unkraut. Unterpflanzen Sie Sträucher mit Bodendeckern.*

***91.* FRÖHLICH:** *Farblich ist alles erlaubt. Der Landhausgärtner freut sich an den Blumen und braucht keine strengen Vorgaben.*

***92.* PROBIEREN:** *Testen Sie Pflanzenkombination, die bei Ihnen lange halten, in der Sonne, zum Beispiel Strauchrosen, Katzenminze und Frauenmantel. Das bringt wochenlang Freude.*

93. Verschenken! Am schönsten ist Gartenfreude, wenn man sie teilt: Landhausgärtner verschenken überzählige Pflanzen.

94. *Zäune schnell beranken lassen*

Bei einjährigen Sommerblumen finden sich Arten, die rankend wachsen und rasch einen Zaun begrünen können. Attraktiv funktioniert das mit Wicken (links die alte Sorte 'Matucana'). Sie werden in eine Rille direkt an einem Zaun ausgesät – achten Sie auf einen sonnigen Platz und nahrhaften Boden. Dann keimen die Samen rasch und bauen sich zügig auf, um reich zu blühen. Es gibt Wicken in Farbmischungen und Einzelfarben – achten Sie unbedingt auf die Wuchshöhe und auf duftende Sorten. Verblühtes rasch ausputzen, damit die Pflanze den ganzen Sommer blüht. Auch das Schneiden zahlreicher Sträuße ist eine gute Maßnahme, um den Flor dauerhaft zu halten.

BUNTE BLÜTENPRACHT JETZT VORBEREITEN

95. *Zweijährige säen*

Zahlreiche Klassiker im Blumengarten sind zweijährig. Sie werden jetzt ausgesät und blühen im kommenden Jahr zwischen Erstfrühling und Hochsommer. Fast alle bilden im ersten Standjahr eine solide Pflanze und brauchen eine Wintersaison, um Blüten anzulegen. Ideal ist es, sie wie Sommerblumen zu kultivieren – also erst in eine Saatschale säen, dann in Töpfe pikieren, und wenn diese durchgewurzelt sind, im Spätsommer auspflanzen. Frühe Aussaat ergibt die kräftigsten Pflanzen.
Zu den schönsten Zweijährigen gehören Vergissmeinnicht, Islandmohn, Fingerhut, Stockrose, Bartnelken, Landnelken oder Königskerzen. Auch Stiefmütterchen wachsen zweijährig. Da sie aber Sommerhitze nicht besonders gut vertragen und rasch wachsen, reicht eine Aussaat im Spätsommer oder Herbst.

96. *Freilandaussaaten*

Die robustesten Sommerblumen können auch direkt in Freilandbeete ausgesät – oder wenn es besonders sicher ablaufen soll – in kleinen Töpfen auf der Terrasse oder dem Balkon vorgezogen werden. Allerdings sollten Sie sicher sein, dass nun keine Bodenfröste mehr drohen. Sehr schnell wachsen Arten wie Kosmeen (Cosmea), Sonnenblumen (Helianthus), Kapuzinerkresse (Tropaeolum), Ringelblume (Calendula) oder Duftsteinrich (Lobularia), und die altmodische Reseda sorgen rasch für reichen Blütenflor.

97. AUGEN AUF BEIM PFLANZENKAUF!

Überall werden nun fertig vorgezogene, oft schon blühende Pflanzen angeboten, mit denen Beete und Gefäße für den kommenden Sommer bestückt werden können. Fast alle von ihnen vertragen keine Fröste und dürfen erst ins Freiland, wenn dahingehend keine Gefahr mehr besteht. Einige Schönheiten wie Heliotrop, Gazanien oder Wandelröschen reagieren selbst auf frostfreie, aber kühle Nächte mit stockendem Wuchs – sie sollten erst im Frühsommer ins Freie. Leider sind viele Sommerblumen, etwa Fuchsien, Margeriten oder Kap-Astern, die auffallend kompakt wachsen, mit Stauchmitteln behandelt. Sie legen dann oft eine Blüh- und Wachspause ein und wachsen erst ab Hochsommer zügig weiter. Besser ist es, von diesen Arten nicht ganz so buschige, vielleicht sogar eintriebige, eher hohe Pflanzen zu kaufen, die ein Gärtner vor Ort selbst angezogen hat – sie bauen sich sehr rasch zu schönen Pflanzen auf.

Robust: eine Dahlienknolle

98. Sommerzwiebelblumen

Neben den bekannten Sommerblühern aus Zwiebeln und Knollen wie etwa Dahlien, Lilien oder Gladiolen finden sich im Sortiment noch zahlreiche andere reizvolle Gewächse. Viele von ihnen sind nicht winterhart, eignen sich aber umso besser für Kübel und Gefäße, weil man diese im Winter frostfrei, aber ohne Licht aufbewahren kann. Einige Arten, die als Zwiebel oder Knolle angeboten werden, brauchen aber ein, zwei Jahre, um sich so zu entfalten, wie es das Katalogbild verspricht. Verlieren Sie nicht die Geduld etwa mit Hakenlilien (*Crinum*), Guernsey-Lilien (*Nerine*) oder Schmucklilien (*Agapanthus)*; sie sind zuverlässig und pflegeleicht und blühen früher oder später sicher. Bereits im ersten Jahr zeigen das weiße Schönhäutchen (*Hymenocallis*), Indisches Blumenrohr (*Canna*) oder rankende Ruhmeskronen (*Gloriosa*) Blüten.

101.

DÜNGUNG ERWÜNSCHT

Viele Frühjahrsblumen aus Zwiebeln und Knollen, allen voran Narzissen, Tulpen, Hyazinthen, Zierlauch und Kaiserkronen, profitieren von einer Düngung. Diese sollte erfolgen, wenn die Pflanze im vollen Wachstum steht – spätestens, wenn sich die Blüten öffnen. So bekommen die Pflanzen noch einen Kraftschub und bilden sicher im folgenden Jahr große Blüten aus.

99. DAHLIEN PFLANZEN

Dahlien gehören mit ihrem Blütenreichtum und ihrer Formenvielfalt zu den am leichtesten zu pflegenden Gartenpflanzen überhaupt. Die preiswerteste Möglichkeit ist das Pflanzen von Knollen. Sowie die Frostgefahr im Freiland vorbei ist, können sie etwa ein Spatenblatt tief in die Erde gesetzt werden. Die ersten Blätter und Triebe sollten gut vor Schneckenfraß geschützt werden, und hohe Sorten brauchen unbedingt eine Stütze – die Stäbe können gleich beim Pflanzen neben die Knolle in die Erde gesteckt werden.

100. KNOLLEN WÄSSERN

Sommerblühende, frostempfindliche Pflanzen aus Knollen können nun auch ins Freiland gepflanzt werden. Sowohl bei selbst überwinterten Knollen, etwa Dahlien, als auch bei neu gekauftem Pflanzgut, vor allem bei Ranunkeln, Knollenbegonien oder Kronen-Anemonen, kommt es vor, dass die Knollen ein wenig eingetrocknet sind. Sie treiben wesentlich sicherer aus, wenn sie ein paar Stunden vor der Pflanzung in Wasser eingeweicht werden.

102. Bohnen im Beet

Im Allgemeinen kann man mit dem Bestellen der Gemüsebeete noch etwas warten, doch Dicke Bohnen sollten nun bereits ausgesät werden. Es ist erstaunlich, dass sogar gerade gekeimte Jungpflanzen leichte Fröste vertragen. Der frühe Aussaattermin beschert nicht allein eine frühe Ernte der Bohnen im ausgehenden Frühsommer bzw. beginnenden Hochsommer. Legen Sie die Bohnen am besten in Reihen und lassen zwischen den einzelnen Samenkörnern etwa 20 cm Platz. Die kräftigen Büsche mit dem graugrünen Laub sehen auch im Blumengarten gut aus.

103. SOMMERBLÜHER IM HAUS AUSSÄEN

Noch immer können Fröste im Freiland auftreten. Darum sät man einjährige Sommerblumen jetzt noch am Fensterbrett oder im Gewächshaus aus. Die bekanntesten Arten und Sorten kommen nun aus der Tüte ins Aussaatsubstrat: Löwenmaul (Antirrhinum), Zinnien (Zinnia), Sommerastern (Callistephus), Spinnenblume (Cleome), Studentenblume (Tagetes) oder Leberbalsam (Ageratum) sind besonders dankbar für eine geschützte frühe Aussaat.

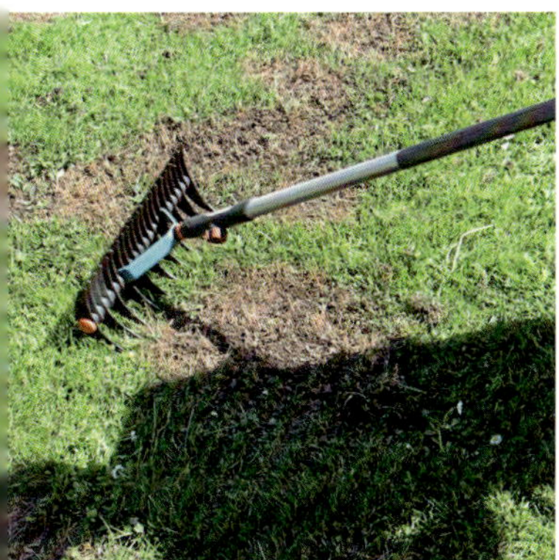

104. RASEN STARTKLAR MACHEN

Ist der Rasen nach dem Winter schütter und unansehnlich, lässt er sich mit einigen Handgriffen leicht wieder zu einem dichten Freilutteppich umfunktionieren. Besonders mitgenommene Flächen werden vertikutiert – mit einem speziellen Gerät reißt man sie auf und entfernt neben einem Teil der Gräser auch zahlreiche Unkräuter. Erschrecken Sie nicht, wenn der Rasen nach dieser Prozedur etwas ramponiert aussieht; er erholt sich nach einer Frühlingsdüngung rasch wieder, und da Gräser meist schneller wachsen als andere Kräuter, schließen sich die Lücken leicht wieder. Sehr wichtig ist ein kontinuierliches Mähen, sobald die Gräser zu wachsen beginnen.

Sommer

SOMMERBLUMEN PFLANZEN • AUSPUTZEN •

DÜNGEN • RASEN PFLEGEN • WÄSSERN

Phänologie & Garten IM SOMMER

Der Sommer ist eine der aufregendsten Zeiten in der Natur und im Garten. Viele Pflanzen wachsen erst jetzt und kommen zur Blüte. Auch entscheidet das sommerliche Wetter, wie die Ernte im Gemüse- und Obstgarten ausfällt. Vorgezogenes kann jetzt ins Freie und muss anfangs gut versorgt werden. Das gilt aber nicht nur für Gemüse, sondern auch für Sommerblumen. Wer die Pflanzen im Garten und auf dem Balkon jetzt optimal mit Nährstoffen versorgt, legt den Grundstein für eine reiche Ernte und monatelangen Blütenflor. Allergiker haben in den Sommermonaten unter der Blütezeit von Gräsern, Getreide und anderen Pflanzen zu leiden. Auch die Heuernte fällt in den Sommer.

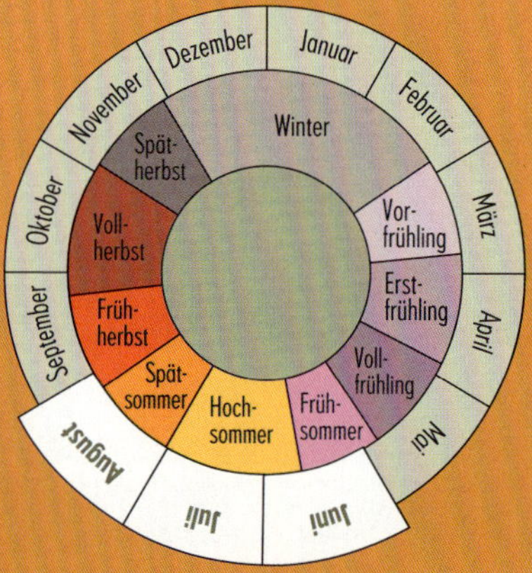

Sommer: Phänologisch beginnt er im Juni und reicht bis in den frühen September.

FRÜHSOMMER

Charakteristisch für den Frühsommer ist die Blüte des einheimischen Schwarzen Holunders, der landauf, landab seine rahmweißen Blütenteller zeigt. Er gehört zu den häufigsten Wildsträuchern.

Der Schwarze Holunder liefert nektarreiche Blüten für Tee & Limonade.

HOCHSOMMER

Der Hochsommer ist ein echter Nasenschmeichler. Auch in den Städten kündet der honigsüße Duft der Sommerlinde von der zumeist wärmsten Jahreszeit. Wetterextreme sind nicht selten.

Sommerlinden sind alte Hofbäume und auch in Städten sehr beliebt.

SPÄTSOMMER

In der Natur beginnt der Erntesegen mit leuchtenden Früchten. Als eines der ersten Wildgehölze zeigt die Eberesche jetzt Farbe. Ihre mehligen Beeren sind eine wichtige Nahrungsquelle für Vögel.

Die Eberesche ist ein kleinkroniger Baum mit frühem Fruchtschmuck.

Entspannung und Genuss bringt der Sommer in vielen Facetten.

105. IM GEMÜSEGARTEN NACH DEN EISHEILIGEN

Allerspätestens jetzt dürfen Gemüsesorten, die weder Frost noch frische Nächte vertragen, ins Freiland gesetzt werden. Während etwa Zucchini oder einige robuste Gurkenzüchtungen auch ohne Weiteres in üblichen Gemüsebeeten gedeihen, sind Paprika, Auberginen oder viele Peperoni-Sorten etwas empfindlicher. Sie gedeihen am besten, wenn die Temperaturen hoch sind und wenig schwanken. Daher lohnt sich die Überlegung, für diese Pflanzenarten ein kleinen Gewächshaus zu errichten, in dem auch Tomaten sehr problemlos gehalten werden können.

106. KRÄUTERERNTE

Alle Kräuter, die geerntet werden sollen, um sie zur Lagerung zu trocknen – etwa als Wintervorrat oder für Tees – werden geerntet, ehe sie blühen; bei Salbei oder Rosmarin beginnt also jetzt die Zeit zum Schneiden – andere Kräuter werden etwas später eingesammelt. Das Laubwerk sollte aber bereits voll ausgebildet, also nicht mehr weich sein. Ernten Sie an einem warmen, sonnigen Tag büschelweise und fassen Sie die frisch geernteten Sträuße mit einem Gummiring fest zusammen. Hängen Sie sie kopfüber an einem warmen, trockenen, dunklen Platz auf. Nach dem vollständigen Trocknen werden die Blätter oder kleinen Zweige in Gläsern verschlossen aufgehoben.

107. KRÄUTERZIERDE

Zahlreiche Kräuter, die in erster Linie für die Küche angebaut werden, entpuppen sich als reizvolle Zierpflanzen. Borretsch besticht durch die azurblauen Blüten; Schnittlauch steuert Purpur bei; Kapuzinerkresse ist ein Multitalent für fröhliche Beete und Salatschüsseln, und auch die mediterranen Kräuter entzücken durch ihren feinteiligen Pflanzenaufbau und die hübschen kleinen Blütchen. Verbannen Sie diese Pflanzen nicht nur in einen Kräutergarten, sondern bestücken Sie auch mal Zierbeete mit ihnen – so entstehen unkomplizierte, ungewöhnliche Gartenbilder.

108. VARIANTENREICHE MINZEN

Wer besonders wuchskräftige Kräuter für erfrischende Tees oder Drinks sucht, wird bei den vielen Minze-Arten sicher das Richtige finden. Minzen wachsen grundsätzlich in Böden, die nie völlig austrocknen. Allerdings legen sie einen enormen Ausbreitungsdrang an den Tag – schwach wachsende Nachbarpflanzen gehen neben ihnen leicht unter. Die Aromenvielfalt ist beeindruckend! Es gibt Sorten, die neben dem mehr oder weniger stark ausgeprägten Minzgeschmack auch Noten von Zitrone, Orange, Melone, Schokolade, Apfel oder Rosen erkennen lassen. Typisch minzig mit einem sehr hohen Gehalt an ätherischen Ölen ist die Sorte 'Agnes'.

TOMATEN für Garten & Balkon

109. SORTENVIELFALT

Es gibt Hunderte von Tomatensorten im Handel. Viele alte Sorten werden auch von Tomatenliebhabern weitergegeben. Es lohnt sich, sich näher mit ihnen zu beschäftigen, weil sie oft sehr robust sind und mit den Bedingungen im Freiland, also im Garten oder auf dem Balkon, gut zurechtkommen. Farbe, Fruchtgröße und Geschmack gibt es in zahlreichen Variationen. Übrigens hat die Farbe keinen Einfluss auf das Aroma. Blasse Sorten können äußerst wohlschmeckend sein, und nicht jede knallrote Tomate ist die leckerste.

110. GUTE PFLANZEN

Tomatenpflanzen können nach den Eisheiligen ins Freie, es sei denn, die Witterung ist anhaltend kühl und regnerisch. Dann warten Sie besser auf die nächste Wärmeperiode, denn niedrige Temperaturen würden zu einem verzögerten Wachstum der jungen Pflanzen führen. Wer jetzt keine Tomaten vorgezogen hat, kann in der Gärtnerei, auf dem Wochenmarkt oder im Gartencenter fertige Jungpflanzen kaufen. Achten Sie darauf, dass diese ihren Topf bereits gut durchwurzelt haben. Dann wachsen sie zuverlässig an.

114. AUSGEIZEN NICHT VERGESSEN!

Von Natur aus bilden Tomatenpflanzen zahlreiche Verzweigungen. Sie entspringen grundsätzlich an jeder Ansatzstelle der Blätter. Würde man sie alle belassen, stünden sich Blätter und Blüten bald gegenseitig im Wege und würden sich Licht und Luft streitig machen. Brechen Sie also die Seitentriebe frühzeitig aus.

111. ERZIEHEN

Junge Tomatenpflanzen brauchen eine Stütze. Nur einige Zwergsorten kommen auch ohne sie aus. Ein Bambusstab, Reisig oder gewundene Tomatenstäbe können dazu dienen. Wichtig: Brechen Sie zunächst die Seitentriebe aus, damit die Pflanze wächst und Blütenstände ansetzt. Ein lockerer Wuchs steigert den Ertrag mit Sicherheit.

112. PFLEGEN

Während des Wachstums in den nächsten Wochen bilden sich Blütentriebe, und die kleinen gelben Blüten werden gerne von Hummeln bestäubt. Wer also einen Hummelnistkasten in der Nähe des Tomatenbeetes anlegt, wird auf einen reichen Fruchtansatz hoffen dürfen. Binden Sie die Triebe immer weiter auf, damit sie die Früchte halten.

113. DÜNGEN

Mit speziellen Tomatendüngern in flüssiger Form können Sie den immer hungrigen Tomaten schnell auf die Sprünge helfen. Sie fördern Fruchtansatz und Reife der Tomaten. Besonders in Töpfen auf dem Balkon und der Terrasse ist der Boden schnell erschöpft, sodass eine wöchentliche Nährstoffversorgung unerlässlich ist.

115.

SPIELRASEN?

Wer eine schöne Rasenfläche haben möchte, die auch strapazierfähig ist, sollte nicht nur eine entsprechende Rasenmischung im Fachhandel verwenden. Auch auf die Pflege kommt es an. Nur gesunder Rasen mit einer dichten Grasnarbe ist belastbar. Düngen Sie daher mindestens dreimal in der Saison und mähen Sie immer auf der untersten Stufe des Mähers. So bilden die Rasengräser mit der Zeit mehr Seitentriebe.

116. Wässern

Rasen leidet in sommerlicher Hitze sehr. Halten hohe Temperaturen ohne Niederschläge über Wochen an, sollten Sie nicht nur wässern, sondern auch die Schnitthöhe anpassen. Während üblicherweise auf etwa 4 cm geschnitten wird, sollte nun der Rasen gut 2 cm länger bleiben – das ist ebenfalls ein gewisser Schutz vor dem raschen Austrocknen.

RASEN: GRÜNER TEPPICH

EIN MAKELLOS GRÜNER RASEN IST DER WUNSCHTRAUM VIELER GARTENBESITZER. ABER DAFÜR MUSS MAN EINE MENGE TUN. NUR BESTENS GEPFLEGTER RASEN IST GESUND UND STRAPAZIERFÄHIG. DÜNGEN, MÄHEN UND WÄSSERN SIND ALSO WICHTIG!

117. Rasenflächen anlegen

Jetzt ist der Boden warm genug, und es herrschen ideale Bedingungen für die Neuanlage von Rasenflächen. Arbeiten Sie den Boden gut durch, damit er locker ist. Wurzelunkräuter, Steine oder Gehölzwurzeln sollten Sie sorgfältig entfernen. Dann muss der Boden glatt geharkt werden. Die teure Variante ist, nun Rollrasen auszulegen. Günstiger ist eine Aussaat, am besten mit einem Saatwagen, der das Saatgut gleichmäßig verteilt. Die Saat keimt rasch, wenn sie nicht austrocknet, und der Rasen kann nach etwa fünf Wochen das erste Mal vorsichtig gemäht werden. Rollrasen braucht eine Schonzeit von etwa vier Wochen, bis er voll genutzt werden kann; ausgesäter Rasen sollte etwa dreimal vorher im Wochenabstand gemäht werden.

ROLLRASEN: Auch er ist nicht sofort belastbar.

118.

Es ist so eine Sache mit dem Unkraut: Ein Kraut, das jedenfalls sehr hilfreich sein kann, ist der Spitzwegerich. Blätter einfach zerdrücken und auf Insektensiche tupfen. Das hilft gegen Schwellung und Juckreiz. Es lohnt sich, ihn stehen zu lassen.

119.
WOHIN MIT DEM RASENSCHNITT?

Bei jedem Mähgang fällt reichlich Schnittgut an. Am besten ist es, ihn als dünne Mulchschicht etwa unter Gehölze oder in Staudenbeeten zu verteilen. Werden die Anteile nicht zu hoch, kann es auch kompostiert werden – mischen Sie aber reichlich andere Pflanzenreste mit dem Rasenschnitt, sonst pappen die Gräser zu stark zusammen, und sie verrotten nicht, sondern faulen. Fangkörbe für das Mähgut sind freilich praktisch – doch das Abharken von Schnittgut von den Flächen hat ebenfalls Vorteile: Dadurch wird der Rasen immer gut durchgelüftet.

HIMMLISCHES BLAU
Scheinmohn & Lerchensporn

***Diese blaue Blume** ist der Wunschtraum vieler Gartenfreunde. Lesen Sie, was der Blaue Scheinmohn (Meconopsis grandis und M. betonicifolia) im Garten braucht, um zu gedeihen.*

120. Der Blaue Scheinmohn stammt ursprünglich aus dem Himalaya und wächst dort zum Beispiel auf offenen Wiesen und Böden, die niemals austrocknen. Die Stauden haben nur sehr feine Wurzeln und können Trockenzeiten im Garten nicht ohne Schaden überstehen.

121. Sorgen Sie für einen lockeren Boden, indem Sie nahrhaften Laubkompost untermischen. Im Winter reicht eine leichte Laubdecke als Schutz.

122. Ab Austriebsbeginn braucht der Scheinmohn ordentlich Dünger. Das sorgt für kräftige Pflanzen und starke Stiele.

123. Gießen Sie bei Trockenheit nach der Blüte.

Wie Seide glänzen die Blütenblätter der Staude.

124. Blauer Lerchensporn

Das himmlisch leuchtende Blau zeigt auch eine andere Staude aus Asien: der Lerchensporn. Am schönsten ist die Art *Corydalis elata* (Bild), die mit kurzen Ausläufern den Boden bedeckt. Sie wird gut 30 cm hoch und blüht ab Mai mehrere Wochen lang. *Corydalis flexuosa* und seine Sorten werden nicht ganz so hoch und halten oft Sommerruhe, das Laub zieht also ein. Beide sind ideale Begleiter für den herrlichen Blauen Scheinmohn. Sie schätzen einen humusreichen Boden und Halbschatten, blühen aber auch an sonnigen Plätzen gut, wenn diese luftfeucht und nicht trocken-heiß sind. Nach der Blüte kann man die Pflanzen zurückschneiden, *Corydalis elata* treibt sehr schnell wieder frisches, farnartiges Laub und sogar neue Blüten!

125. SO EINFACH VERMEHREN SIE LERCHENSPORN

AUFNEHMEN

Nach der Blüte oder im Frühjahr nehmen Sie die flachwurzelnde Staude mit der Grabegabel auf. Der Wurzelballen ist tellerartig.

TEILEN

Mit den Fingern ziehen Sie den lockeren Ballen vorsichtig auseinander und lösen so ungefähr handtellergroße Stücke ab.

FERTIG!

Setzen Sie die neu gewonnenen Teilstücke in frische Erde. Bitte sofort angießen und in den nächsten Wochen immer leicht feucht halten.

Schöne SCHATTENGÄRTEN

126.

Wer denkt, im Schatten unter Gehölzen wächst nichts, der irrt sich gründlich. Unter einer alten Magnolie gedeihen hier vielfältige, schattenverträgliche Stauden und Gehölze. Interessante Laubfarben verschiedener Funkien (*Hosta*), Salomonssiegel (*Polygonatum*), Farne und Lenzrosen wetteifern mit Blauem Lerchensporn und zartrosa Herzblumen (*Dicentra eximia*) um die Gunst des Betrachters. Einen exotischen Akzent setzt die stachelblättrige Mahonie (*Mahonia japonica*). Auf diese Weise lassen sich Bereiche unter Bäumen vielseitig bepflanzen. Ist der Baumschatten zu dicht, nehmen Sie einige Äste aus der Krone, um sie lichtdurchlässig zu machen.

129. Was ist Schatten?

Schattige Standorte im Garten sind zum Beispiel Beete an den Nordseiten von Gebäuden oder im Kronenbereich von lichten Laubbäumen. Wo es wirklich dunkel ist, also unter dichten Nadelbäumen oder lichtundurchlässigen Terrassendächern, spricht man von einem lichtarmen Standort. Dort gedeihen nur sehr wenige Pflanzen, wie zum Beispiel Efeu und einige Farne. Als halbschattig bezeichnet man Plätze in Ostlage, wo zumindest die Morgensonne die Pflanzen erreicht. Hier wird es bei der Pflanzenauswahl etwas knifflig: Denn die Pflanzen müssen die Intensität der Sonne schadlos überstehen können. Funkien mit weißen Rändern oder größeren weißen Zonen im Blatt können an heißen Tagen hier Verbrennungen erleiden. Mit Halbschatten kommen viele sonnenliebende Stauden auch gut zurecht.

127.

TOPFGARTEN

Funkien eignen sich prima für Töpfe und Kübel, vor allem die kleinen und mittelgroßen Sorten werden so auf schattigen Balkonen und Terrassen zu Hinguckern. Kombinieren Sie mehrere Sorten und legen Sie eine Sammlung an!

128. HOSTA – VIER AUS TAUSENDEN VON SORTEN

'Whirlwind'

Zu den Königinnen im Schattengarten gehören die Funkien. Die Sorte 'Whirlwind' wird bis 30 cm hoch und hat ein leicht gedrehtes Blatt.

'On Stage'

Diese mittelgroße Sorte treibt sehr spät aus, oft erst Anfang Mai. Die bis 30 cm langen Blätter färben sich im Halbschatten am besten aus.

'Dick Ward'

Die bis zu 50 cm hoch werdende gelbblättrige Sorte kann man gut in einer kleinen Gruppe pflanzen. Leichter Schatten ist ausreichend.

'Liberty'

Eine absolute Spitzensorte, die dichte, bis 50 cm hohe Blatthorste entwickelt. Standort schattig, da der Blattrand in der Sonne leicht verbrennt.

IM BLUMENGARTEN

130. Frühlingsblüher auslichten

Fast alle Gehölze, die zwischen Vorfrühling und Frühsommer blühen, legen ihre Blütenknospen im Vorjahr an. Sowohl Obstbäume als auch typische Frühjahrsblüher wie Forsythien, Flieder, Zierjohannisbeere und selbst Duftjasmin (Bild, *Philadelphus*), der erst jetzt zur Blüte kommt, gehören dazu. Würde man sie im Frühling zurückschneiden, verlöre man die meisten Blüten. Lichten Sie diese Pflanzen nach der Blütezeit aus, indem Sie nur vergreiste, blühfaule Triebe an der Basis der Pflanze vollständig herausschneiden. Schnell wachsende Pflanzen brauchen diesen Schnitt regelmäßig. Langsam wachsende Arten, etwa Magnolien, sollten sich ohne Schnitt aufbauen können. Hier kommt die Schere nur zum Einsatz, wenn die Pflanze aus der Form gerät – etwa einseitig wächst.

131. LASSEN SIE GÄRTNERN!

Kurzlebige Pflanzen, die sich leicht selber aussäen, übernehmen die Regie

ISLAND-MOHN

Papaver nudicaule

In fröhlichen Orange-, Gelb- und Weißtönen leuchten die seidigen Blütenschalen des Island-Mohns. Er wird bis 30 cm hoch und sät sich an vollsonnigen Plätzen sogar in Pflasterfugen aus. Auch im Balkonkasten kann man ihn ziehen.

EISENKRAUT

Verbena bonariensis

Mit je nach Standort bis zu 1,5 m hohen drahtigen Stielen und der langen Blütezeit ist das Eisenkraut zur Modepflanze geworden. Die Pflanzen brauchen volle Sonne und durchlässigen Boden. Sehr harte Winter überstehen sie nicht.

BARTNELKE

Dianthus barbatus

Extrem winterhart sind die altmodischen Bartnelken. Sie sind zweijährig, werden also im Sommer gesät und blühen im Folgejahr. Bis 40 cm hoch werden die haltbaren Schnittblumen, die sich gerne selber aussäen und bunt mischen.

132.

Stiller Star: die Sterndolde

Man mag es kaum glauben, aber diese exotisch wirkende Blüte ist mit der heimischen Schafgarbe verwandt. Die Sterndolde (*Astrantia*) begeistert seit einiger Zeit immer mehr Gartenfreunde, die auf der Suche nach einer lange blühenden, unkomplizierten Staude für Sonne und Halbschatten sind. Je nach Sorte werden die weiß, rosa oder roten Stängel bis zu 70 cm hoch. Sie geben haltbare Schnittblumen ab. Sterndolden vertragen keinen trockenen Sandboden und säen sich in vielen Gärten sogar selber aus – ganz ohne lästig zu werden. Wer sich für rote Sorten entscheidet, sollte wissen, dass diese in der Regel schwächer wachsen und keine einengende Nachbarschaft mögen. Dann entfalten sie sich zu voller Schönheit. Gute Nachbarn sind Frauenmantel, Farne und Funkien.

133. TÜRKENMOHN

Die manchmal kuchentellergroßen Blüten machen den Türkischen Mohn im Frühsommer zum unangefochtenen Star in der Rabatte. Leider haben die variantenreichen Sorten von Papaver orientale einen Nachteil: Nach der Blüte vergilbt das Laub, und bis zum frühen Herbst bleibt dort eine kahle Stelle zurück, wo noch vor Kurzem Riesenblüten prangten. Pflanzen Sie den Mohn daher in sonnige Beete in den Hintergrund oder in die Mitte und verdecken Sie seinen Platz nach dert Blüte mit spät blühenden Stauden wie Astern oder Sonnenhüten.

Rot wie die Liebe leuchtet der Mohn.

Bunt gemischt: Sommerblumen und attraktive Ziersorten von Gemüse

Gemüse & Blumen

134. GUTE NACHBARN

Wer nicht viel Platz hat, kann im Garten Gemüse und Blumen miteinander kombinieren. Schon im historischen Bauerngarten durften sie miteinander wachsen. Das sieht nicht nur schön aus, manche Nachbarn unterstützen sich gegenseitig. So können Erbsen und Lupinen mit Knöllchenbakterien (typisch für Schmetterlingsblüter) den Boden für Blumen, Gemüse und sogar Rosen verbessern.

135. EINE ZIERDE

Viele Gemüsesorten sind besonders farbenprächtig und lassen sich mit Sommerblumen oder Stauden kombinieren. Das gilt vor allem für Rotkohl, Grünkohl (es gibt auch eine violette Sorte), filigranen Fenchel und Mangold-Sorten mit gelben, roten und weißen Stielen.

136. JEDES JAHR NEU

Wenn Sie Gemüse und Sommerblumen kombinieren, können Sie Ihren Beeten jedes Jahr ein völlig neues Gesicht geben. Es macht großen Spaß, alljährlich die Samenkataloge zu wälzen und dann die Bestellungen aufzugeben!

137. FORMAL GLIEDERN

Wenn Sie Ruhe in Beete bringen wollen und im Winter Freude an geometrischen Formen haben, setzen Sie Formgehölze wie Eibe oder Buchs ein.

Filigrane Doldenblütler im Garten

138. WIESE DAHEIM

Doldenblütler zählen zu den auffälligsten einheimischen Pflanzen. Die weißen Blütenschirme von Wiesenkerbel, Schafgarbe und Wiesen-Bärenklau prägen im Sommer Wegränder und Wiesen. Im Garten haben zahlreiche Arten aus Europa und Asien Einzug gehalten, deren Ausbreitungsdrang sich im Gegensatz zu den meisten heimischen Arten in Grenzen hält. Zu den schönsten zählen der dunkellaubige Wiesen-Kerbel (Anthriscus sylvestris `Ravenswing`), die meterhohe Kaschmirdolde (Selinum wallichianum) und der Rosa Kälberkropf (Chaerophyllum hirsutum `Roseum`).

139. MEHR FARBE

Während die meisten der Doldenblütler in zarten Pastelltönen und Weiß blühen, haben Züchter die Schafgarbe zu einer besonders leuchtenden Farbenpalette erweitert. Hier gibt es schwefelgelbe (Achillea `Moonshine`), rotorange (Achillea `Terracotta`), dunkelrote (Achillea `Walter Funcke`) und rosarote (Achillea `Lilac Beauty`) Sorten. Alle werden ca. 60 cm hoch und sollten unbedingt in Gruppen gepflanzt werden. Man kann sie nach der Blüte herunterschneiden, dann treiben die Stauden oft eine zweite Blüte nach. Der Standort sollte sonnig sein, der Boden frisch und nicht zu trocken.

140. ROBUSTE ARTEN

Einige Doldenblütler sind regelrechte Trockenheitsspezialisten. Zu ihnen zählt beispielsweise der imposante, oben gezeigte Graue Bergfenchel (Seseli gummiferum). Er liebt sehr warme Plätze, etwa am Fuß einer Mauer oder vor einer hellen Hauswand. Solche Doldenblütler lassen sich hervorragend mit Kräutern kombinieren. Denn auch diese schätzen Wärme und durchlässigen Boden und entwickeln dann ein besonders intensives Aroma. Alle Doldenblütler können sich selber aussäen, wenn ihnen der Standort zusagt. Alle bilden tief reichende Pfahlwurzeln aus.

KOMPOST: Gold des Gärtners

So schaffen Sie die nahrhafte Grundlage für gesunde Pflanzen

DER KOMPOSTHAUFEN

141. WARUM DER KOMPOST WERTVOLL IST
Kompost zu machen ist eine uralte Gärtnertugend. Immerhin kann man auf diese Weise aus den Gartenabfällen wertvolle Nährstoffe für die Pflanzen gewinnen. Die Devise heißt also: nichts wegwerfen. Denn in Schichten können auch Strauchschnitt und Rasenschnitt auf den Kompost. Weil der Verrottungsprozess im Komposthaufen durch Mikroorganismen, Pilze und Würmer in Gang gesetzt wird, ist fertiger Kompost besonders wertvoll für ein gesundes und reiches Bodenleben. Wichtig: Wenn Sie viele Gehölzabfälle und trockenen Staudenschnitt auf dem Kompost haben, sollten Sie gelegentlich auch Nährstoffe, vor allem Stickstoff als Dünger zuführen, da die Umsetzung des organischen Materials Stickstoff verbraucht.

142. DAS PASSENDE BAUMATERIAL FÜR DEN KOMPOSTHAUFEN Im Handel gibt es fertige Kompostbehälter zu kaufen. Solche aus Kunststoff minimieren den Geruch, der von verrottendem organischen Material ausgeht. Sie können aber auch Kompostgitter verwenden oder alte Paletten aus Holz. Sie halten einige Jahre und sind eine kostengünstige Alternative. Noch einfacher sind Drahtzylinder aus festem Drahtgewebe, die man um eingesetzte Pfähle spannt. Selbst alte Türen oder ähnliches Baumaterial können Verwendung finden.

143. DER BESTE PLATZ FÜR DEN KOMPOST
Feuchtigkeit und Wärme fördern den Zersetzungsprozess im Kompost. Aber vollsonnige Plätze eignen sich nicht, da hier nicht nur mit einer höheren Geruchsbelastung zu rechnen ist, sondern der Kompost bei z. B. viel Rasenschnitt zu heiß für die Bodenorganismen wäre. Ein halbschattiger Platz ist ideal, er sollte aber auf keinen Fall im Regenschatten von großen Bäumen liegen. Denn ohne die ausreichende Feuchtigkeit verrottet er schlecht.

144. DIE IDEALE KOMPOSTDAUER
Es dauert in der Regel zwei Jahre, bis der Kompost fertig ist. Braucht man sehr feinen Kompost, den man auch für Pflanzerde verwenden möchte, sollte man ihn ein weiteres Jahr in Ruhe lassen. Der Kompost muss einmal jährlich umgesetzt werden, man braucht also zwei Behälter.

145. KOMPOST AUSBRINGEN

Alle Beete, die neu bearbeitet werden, können mit Kompost angereichert werden. In freie Flächen wird er mit dem Spaten eingearbeitet; zwischen Stauden und anderen bepflanzten Gartenpartien wird er oberflächlich eingegrubbert. Achten Sie nach dem Einarbeiten verstärkt auf das Aufkommen von Unkraut – Kompost birgt immer reichlich Samen davon.

147. *Düngen mit Kaffee?*

Kaffeesatz und Bananenschalen können ohne Weiteres auch auf den Kompost. Mit ihnen allein zu düngen ist aber wenig sinnvoll, da die Nährstoffe für das Pflanzenwachstum nur in geringen Konzentrationen in ihnen vorhanden sind. Das Gleiche gilt für Teebeutel, Fingernägel und Haare!

146. DER PH-WERT

Ein idealer Kompost ist leicht sauer und damit gut für fast alle Gartenpflanzen geeignet. Wird der Kompost ausgewogen bestückt (siehe Tipp 148), ist der pH-Wert meistens im neutralen Bereich, also um pH 7. Einige Gärtner kalken den Kompost auch, aber dies sollte vorsichtig geschehen. Sonst entsteht Ammoniak, das als Gas entweicht und den Stickstoffgehalt des Komposts senkt. Das wäre schade, weil Stickstoff so wichtig für das Wachstum der Pflanzen ist. Ist der Kompost fertig, entsteht nach dem Umsetzen keine zusätzliche Wärme, und der pH-Wert verändert sich nicht mehr.

148. WAS DARF AUF DEN KOMPOST?

Die leeren Kompostmieten werden im Sommer wieder neu bestückt. Zuunterst kommen grob gehäckselte Zweige und Schnittwerk von Stauden – gelegentlich hat man vom Winter noch etwas über. Schnitt von Rosen, Gehölzen oder Stauden kann nun auch die Basis für den Kompost bilden. Impfen Sie den neuen Kompost dann mit einer Lage des alten Kompostes; die dort lebenden Bodenorganismen werden sich zügig verbreiten. Völlig neu angelegte Komposte werden mit einem speziellen Kompoststarter behandelt, der das Bodenleben anregt. Auf den Kompost gehören ausschließlich Gartenabfälle oder pflanzliche Reste, die in der Küche anfallen. Außer Kaffee- und Teesatz darf aber nichts Gekochtes oder Gebrühtes in den Kompost, und sämtliche Abfälle tierischer Art wie Knochen, Fleisch oder Fett sind tabu. Eierschalen können Salmonellen tragen, die im Kompost nicht zuverlässig abgetötet werden. Übrigens kann Unkraut auf den Kompost. Decken Sie Samenunkräuter und solche mit aggressiven Wurzeln mit Rasenschnitt ab, die entstehende Wärme zerstört sie dann.

Heiße Kombination: roter Perückenstrauch und orange Steppenkerzen

GEHÖLZE:

149. FARBE OHNE BLÜTEN

Wer im Sommer monatelang Freude an seinen Beeten haben möchte und vor allem Farbe schätzt, kann sich auf buntlaubige Gehölze verlassen. Sie machen weniger Arbeit als viele Stauden und können jahrzehntelang an ihrem Platz bleiben. Sie bieten stets einen schönen Anblick, und einige wie der nebenstehende Perückenstrauch (*Cotinus coggygria* \`Royal Purple\`) bestechen durch eine edle Farbgebung. Mit rotlaubigen Sträuchern wie der Blasenspiere (Physocarpus \`Diabolo\`), dem Kanadischen Judasbaum (*Cercis canadensis* \`Forest Pansy\` und dem Perückenstrauch können Sie warme Farbwirkungen erzielen. Ebenfalls pflegeleichte Partner wären Gräser in zarten Braun- und Rosatönen wie die Sorten des Chinaschilfes (*Miscanthus sinensis*) und des Lampenputzergrases (*Pennisetum alopecuroides*).

150. TON IN TON KOMBINIEREN

Ist das Laub bunt, erfordert es ruhige Pflanzpartner. Kombinieren Sie nicht zu viele verschiedene Farben miteinander, sondern entscheiden Sie sich für ein Farbspektrum, das sich um auffallende Gehölze entfaltet: warme Rottöne oder zum Beispiel kalte Silber- und Grautöne, die Sie mit Weidenblättriger Birne (*Pyrus salicifolia*), Ölweide (*Elaeagnus commutata* und *Elaeagnus angustifolia*) und Kojoten-Weide (*Salix exigua*) umsetzen können. Stauden und andere Begleitpflanzen werden dann entsprechend des Standorts ausgesucht.

buntlaubig & besonders

151. WARMES GELB

Gelblaubige Gehölze können im Vergleich zu sattgrün gefärbtem Laub schnell blass, fremdartig und sogar krank erscheinen. Kombinieren Sie sie lieber untereinander und lernen Sie die verschiedenen Abstufungen kennen. Farbwirkungen sind immer abhängig von der Größe, Textur und Form des Laubes. So lassen sich, wie auf dem Bild, Koniferen, wie die gelbe Säulen-Eibe und Haar-Scheinzypressen mit sonnengelben Berberitzen und anderen Kleinsträuchern vergesellschaften. Eine Baumkulisse oder Hecke schafft dann den passend ruhigen Rahmen für das lebendige Gartenbild.

152. RARITÄT

Es gibt Tausende von Gehölzen, die noch relativ unbekannt sind, aber eine weitere Verbreitung verdienen. Darunter verstecken sich solche Juwelen wie der oben abgebildete großblumige Gewürzstrauch, den man botanisch mit dem komplizierten Namen X Sinocalycalycanthus raulstonii `Hartlage Wine` bezeichnet. Er ist eine Kreuzung und hat im Sommer große, purpurrote Blüten, die in nicht allzu großer Zahl, aber über einen längeren Zeitraum erscheinen.Er liebt einen halbschattigen Platz und ist vollkommen winterhart. Der Strauch wird ca. 2 m hoch und wächst locker und buschig.

153. EDLES WEISS

Weißbuntes Laub wirkt kühl und elegant. Zu den schönsten Großsträuchern zählt der Weißbunte Etagen-Hartriegel, den man wegen seiner in Etagen angeordneten Zweige englisch auch „Weddingcake Tree" nennt. Er braucht Platz, um sich entfalten zu können, und wirkt mit weißen Blumen, aber auch mit kühlem Blau sehr schön. Die Pflanzen brauchen einige Jahre, um ihre volle Schönheit entfalten zu können. Der Standort sollte halbschattig bis sonnig sein, nur an vollsonnigen Standorten kann das Laub im Sommer durch Sonne und Hitze Schaden nehmen.

ATTRAKTIVE STAUDENBEETE

154. PRACHTSTAUDEN SIND KEINE DURSTKÜNSTLER

Zahlreiche der schönsten Stauden unserer Beete, etwa Hoher Phlox (*Phlox paniculata*), Rittersporn (*Delphinium*), Lupinen (*Lupinus polyphyllus*) oder Sonnenbraut (*Helenium*) legen jetzt mit dem Wachstum enorm zu. Die Masse an Blättern, Trieben und später auch Knospen und Blüten, die sie bilden, ist beeindruckend. Dazu brauchen sie nicht allein einen nahrhaften Boden, sondern auch eine ausreichende Bodenfeuchte, um die Nährstoffe aufnehmen zu können. Fällt in der Phase des Austriebs zu wenig Regen, werden die Pflanzen nachhaltig geschädigt, und es kommt zu stockendem Wuchs, den sie im Laufe der Saison nicht mehr ausgleichen können.

155. DIE BLÜTEZEIT VERLÄNGERN

Einige Prachtstauden blühen sortentypisch etwa vier bis sechs Wochen lang. Diese Phase lässt sich bei üppigen, eingewachsenen Pflanzen leicht verlängern. Sind die Triebe etwa zur Hälfte ihrer Höhe angewachsen – im Vollfrühling oder Frühsommer – und zeigen noch keine Blütenknospen, kappt man etwa ein Viertel oder ein Drittel von ihnen um etwa ein Drittel. Unbehelligte Triebe blühen wie gehabt zum bekannten Zeitpunkt. Die geschnittenen Triebe schlagen neu aus und blühen zeitversetzt etwas später. Sehr gute Ergebnisse hat man auf diese Weise bei Hohem Phlox (*Phlox paniculata*) oder Sonnenbraut (*Helenium*).

156. RECHTZEITIG ABSTÜTZEN

Bei vielen hoch wachsenden Stauden reicht die Statik der Pflanze nicht aus, um die schweren Blüten und Blütenstände zuverlässig bei Wind und Wetter aufrecht zu tragen. Warten Sie nicht, bis etwa ein starker Sommerregen die Blüten zu Boden gedrückt hat, sondern stützen Sie Rittersporne, Phloxe, Pfingstrosen und ähnliche eindrucksvolle Pflanzen rechtzeitig ab. Je früher das geschieht, desto unauffälliger ist die Stütztechnik, da wachsende Triebe und Blätter Stäbe und Schnüre verdecken können. Im Handel sind diverse Stützen im Angebot, in den meisten Fällen reichen aber auch feste Bambusstecken mit Naturbast völlig aus.

157.

PFLANZENSTÜTZEN MACHEN

Verzweigte Strauchtriebe werden in den Boden und um eine Gruppe höherer Stauden gesteckt und im oberen Drittel nach innen geknickt.

158.

PFLANZEN GEWÄHREN LASSEN

Zahlreiche Stauden – besonders eher kurzlebige Arten – und Zweijährige sorgen durch eigene Aussaat für reichlich Jungpflanzen, die ganze Kolonien bilden. Sie brauchen nur Verblühtes stehen zu lassen und nicht allzu ordentlich im Früh- und Hochsommer den Boden durchzuarbeiten. Akeleien, Vergissmeinnicht, Gelber Scheinmohn (Meconopsis cambrica), Nachtkerzen, Frauenmantel, Fingerhut, Königskerzen oder Vexiernelken (Lychnis coronaria), ja selbst Stiefmütterchen verbreiten sich wie von selbst – und da, wo neue Pflanzen stören, lassen sie sich leicht an geeignete Plätze mit einer Handkelle umsetzen.

159. BLUMEN *für die Vase*

Es gibt kaum einen schöneren Luxus, als sich einen großen Blumenstrauß aus dem Garten für die Vase zu schneiden. Meist stehen im Sommer reichlich Blumen zur Verfügung, sodass es kaum auffällt, wenn man den Beeten etwas entnimmt. Vielleicht sind ja auch separate Schnittblumenbeete angelegt. Bei mehrjährig wachsenden bzw. wiederholt blühenden Pflanzen belässt man so viel Laub wie möglich und schneidet Blüten mit eher kurzen Stielen – so wird die Pflanze nicht allzu stark geschwächt. Der beste Zeitpunkt zum Schnitt ist frühmorgens; die Blüten selbst sollten sich gerade öffnen oder halb geöffnet sein.

160. Unkraut jäten

Zugegeben, es ist eine ungeliebte Arbeit – doch wer sich unerwünschte Kräuter, die sich stets in Beeten ansiedeln, über den Kopf wachsen lässt, nimmt in Kauf, dass seine Pflanzen weniger Licht, Luft und Nährstoffe bekommen. Beginnen Sie möglichst früh mit dem Jäten. Unkräutern mit tiefen Wurzeln wie Löwenzahn oder Disteln kommt man mit Distelstechern sehr gut bei. Unkräuter mit weit ausbreitendem Rhizomwerk wie Giersch oder Quecke müssen sehr sorgfältig entfernt werden, weil bereits kleinste Reststücke sich wieder regenerieren. Am leichtesten ist es, Unkräuter zu bekämpfen, die einjährig wachsen – sie haben meist kurze Wurzeln und lassen sich sogar durch Grubbern in Schach halten.

161.

WIE WIRD MAN MOOS LOS?

Moos im Rasen stellt sich ein, wenn die Fläche zu stark beschattet ist und/oder der Boden zu sauer ist. Kurzfristig lässt es sich entfernen, indem man einen kombinierten Dünger plus Moosvernichter einsetzt. Langfristig geht das nur, indem Sie im Falle des Falles den Boden aufkalken. Bei schattigen Rasenpartien lohnt sich die Überlegung, den vorhandenen Rasen durch eine Mischung schattenverträglicher Gräser zu ersetzen – achten Sie aber auch hier darauf, dass der Boden nicht zu sauer ist.

162. Lilien – die Königinnen

Echte Lilien wachsen aus schuppigen Zwiebeln, die spätestens jetzt gepflanzt werden sollen. Die Farben- und Formenvielfalt der edlen Blüten ist beeindruckend, und jährlich kommen neue Sorten zu moderaten Preisen auf den Markt. Als Kübelpflanze eignen sie sich genauso gut wie als Gartenpflanze, stets sehen sie in Gruppen am schönsten aus. Die Zwiebel wird dreimal so tief gesetzt, wie sie dick ist. Ein Schutz vor Wühlmäusen sowie dem Lilienhähnchen, einem lackroten kleinen Käfer mit seinen blattunterseits sitzenden Raupen, ist die wichtigste Pflegemaßnahme für die spektakulären Pflanzen.

Stark duftend: Die Königs-Lilie (Lilium regale) blüht im Hochsommer.

163.

GALLICA-ROSEN LIEBEN AUSLAUF

Die Gruppe der Gallica-Rosen, die zu den historischen Rosen gezählt wird und etwa sechs Wochen lang in herrlichen Rosa- und Purpurtönen blüht und duftet, hat die Eigenart, sich durch Ausläufer zu vermehren. Diese streunen ab Frühsommer gelegentlich auch einige Meter von der Mutterpflanze entfernt durch den Garten. Dort, wo sie stören, können sie leicht abgestochen werden. Wer auf diese Weise neue Rosen anziehen möchte, belässt die Ausläufer etwa ein Jahr an dem neuen Platz und trennt sie erst im kommenden Erstfrühling ab, um sie umzusetzen, zu topfen oder zu verschenken. Neben Gallica-Rosen schicken auch einige Damaszener-Rosen, Portland-Rosen oder Rugosa-Rosen immer wieder Ausläufer durch den Boden.

ROSENPRACHT LEICHT GEMACHT

164. Kletterrosen in die Waagerechte

Jede Rose bildet Blüten in erster Linie an den obersten Neuaustrieben der verholzten Triebe. Der Sinn besteht darin, dass die Pflanze bestrebt ist, so schnell wie möglich zum Licht zu kommen und dort zu blühen. Bei Kletterrosen kann das dazu führen, dass in den unteren Regionen der Pflanzen nur noch Blätter erscheinen. Leiten Sie daher einige der jungen Triebe möglichst waagerecht. So stehen mehrere austriebsbereite Augen gleichrangig hoch „als oberste“ zum Licht und treiben allesamt aus – der Blütenreichtum wird so eindrucksvoll gesteigert.

165. WILDTRIEBE

Die meisten Gartenrosen wachsen als veredelte Pflanze. Die gewünschte Gartensorte wächst auf der Wurzel einer Wildrose – sie wurde darauf mit einem speziellen Verfahren okuliert. Es kann passieren, dass sich unterhalb der Veredlungsstelle Triebe entwickeln, die dann denen der Wildrosenunterlage entsprechen. Sie haben meist siebenfach unterteiltes (= gefiedertes) Laub und sind im Unterschied zu den allermeisten Kultursorten hellgrün. Diese Triebe sollten Sie grundsätzlich an ihrer Ansatzstelle mit etwas anhaftender Rinde ausreißen. Einfaches Abschneiden führt meist zu einem nesterweisen Austreiben erneuter Wildtriebe, die umso schwerer entfernbar sind. Wildtriebe können den ganzen Sommer über auftreten.

166. BLATTKRANKHEITEN

Pilzkrankheiten wie Echter und Falscher Mehltau, Sternrußtau oder Rosenrost können Rosenpflanzen stark schädigen. Stehen die Pflanzen an nicht optimalen Standorten, oder handelt es sich um anfällige Sorten, grassiert ein Befall sehr schnell. Sammeln Sie sofort alle befallenen Blätter ein und vernichten sie diese. Zu starke Düngung, aber auch nasse Witterung leisten den Pilzkrankheiten Vorschub. Sollte die Pflanze sich auch nach einem neuen Austrieb nicht mehr regenerieren, kann mit Fungiziden gespritzt werden. Aber sicherer ist es, sich erst einmal zu vergewissern, ob die Pflanze sonnig und frei genug steht, sodass Wasser stets abtrocknen kann. Sollte eine Rose nur durch Spritzungen gesund gehalten werden können, ist zu überlegen, ob sie nicht durch eine gesunde Züchtung ersetzt werden kann – nachdem auch der Boden ausgetauscht wurde.

167. BLATTLÄUSE

Oft kommt es im Vollfrühling oder Frühsommer zu den ersten Invasionen von Blattläusen. Bleiben Sie bei diesen Tieren, die vor allem an den Spitzen junger Triebe in kleinen Kolonien auftreten, aber erst einmal gelassen. Meist reicht es aus, sie einmal täglich abzustreifen. Lassen Sie den Nützlingen Zeit, sich einzustellen. Marienkäfer, Florfliegen, aber auch Meisen müssen erst einmal ihre Nahrungsquelle entdecken – und räumen dann aber nachhaltig auf. Nur wenn die Pflanzen wirklich in Gefahr sind, lohnt sich der Einsatz umweltverträglicher Spritzmittel wie etwa Niem-Öl-Präparate.

168. LETZTE DÜNGUNG

Während der Vollblüte werden die Rosen noch einmal gedüngt. Am besten eignen sich Rosendünger mit einem hohen Kalium-Anteil („K"). Dieser Nährstoff stabilisiert die Zellwände der Pflanzen und macht sie widerstandsfähig gegenüber Pilzbefall, Trockenheitsstress und Frost. Spätere Düngung ist nicht ratsam, denn sie könnte die Pflanzen anregen, noch neue Bodentriebe zu bilden, die vor dem Wintereinbruch nicht mehr ausreichend ausreifen können und sehr frostanfällig sind.

169. DAUERBLÜTE

Alle Rosensorten, die den ganzen Sommer über blühen, werden stets ausgeputzt. Verblühte Einzelblüten oder Blütenbüschel werden über einem voll entwickelten Laubblatt mit dem Stiel abgetrennt. Idealerweise sollte dieses Laubblatt aus der Pflanze herausweisen – der neue Trieb wächst dann in freies Terrain, und es kommt nicht zu einem besenartigen Wuchs, bei dem sich die Triebe gegenseitig Licht und Luft nehmen.

Wunderbare DUFTPFLANZEN

170. LAVENDEL Der aus dem Mittelmeerraum stammende Lavendel (*Lavandula angustifolia*) ist keine Staude, sondern ein Halbstrauch, er hat nach unten verholzende Triebe. Auch bei starkem Rückschnitt ins alte Holz kann sich die Pflanze regenerieren. Schneiden Sie Lavendel aber immer erst im Frühjahr, da die Pflanzen bei Herbstschnitt in strengen Wintern Schaden nehmen können. Sie brauchen durchlässigen Boden und volle Sonne.

171. KATZENMINZE (*Nepeta*, Bild oben) blüht von Ende Mai den ganzen Sommer über. Die je nach Sorte 30 bis 120 cm hoch werdende Staude blüht mittelblau, es gibt aber auch zartrosa und weiße Sorten. Sie gedeiht auch in lehmigem Boden und ist ein toller Partner für Rosen. Das Laub duftet würzig und ist auch bei Katzen sehr beliebt.

172. MINZE Einige Minze-Sorten eignen sich auch für Staudenbeete. Sie wuchern aber oft und sollten nicht mit zarten Stauden vergesellschaftet werden.

173. THYMIAN Gewürz-Thymian (*Thymus vulgaris*) ist eine tolle Einfassungspflanze und kann für 20 bis 30 cm niedrige Hecken verwendet werden.

174. DAS TROCKNEN

Wer duftende Pflanzen trocknen möchte, sollte sich dafür einen dunklen und gut belüfteten Ort suchen. Ideal ist ein Dachboden, aber auch im trockenen Keller oder unter dem Carport kann es gehen. Schneiden Sie die Pflanzen kurz vor oder während der Blüte, dann sind besonders viele ätherische Öle in den Pflanzen enthalten. Das gilt besonders für den beliebten Lavendel.

176. STEINQUENDEL

Diese bis zu 50 cm hohe, sonnenliebende Staude bildet von Juni bis zum Frost ein Meer aus winzigen zartrosa Blütchen. Die ganze Pflanze (*Calamintha nepeta*) duftet stark, etwas an Minze erinnernd. Sie ist eine gute Bienenweide und sät sich reichlich selber aus.

175. DUFTNESSEL

Man nennt sie auch Bergamotte: Die Gattung Agastache teilt sich in zwei Lager, von denen vor allem die eine mit herrlichen, bis meterhohen Stielen in schönsten Blautönen überzeugt. Die Sorten 'Black Adder'und 'Blue Fortune' der Art Agastache rugosa sind exzellente Dauerblüher und machen als Gruppe eine tolle Figur im Staudenbeet. Im anderen Lager locken orange und rosa Sorten, die auf Wildarten aus Mexiko zurückgehen. Sie sind leider nicht überall zuverlässig winterhart, duften aber aromatischer als die blauen Sorten. Wer es mit ihnen versuchen will, sollte für eine gute Mulchdecke aus lockerem Laub und Koniferenzweigen sorgen. Durchlässiger Boden verbessert die Winterhärte.

Schmetterlinge: Sie fliegen auf die nektarreichen Blütenkerzen der Bergamotte-Staude.

Elegante Ranker: Clematissorten wie 'Multi Blue' wachsen auch in großen Kübeln auf Balkon und Terrasse.

KLASSIKER: Zu den noch immer sehr beliebten großblumigen Sorten gehört die weinrote 'Ville de Lyon'.

SCHWACH WACHSEND: Sorten wie die zierliche Clematis florida 'Sieboldii' brauchen einen geschützten Standort und Sonne.

CLEMATIS

177. SORTENVIELFALT

Es gibt Hunderte von Sorten und Wildarten der Gattung Clematis. Neben den großblumigen Züchtungen werden zunehmend auch die Wildformen und deren Sorten beliebt. Ein Grund: Sie sind oft weniger anfällig gegen die Clematiswelke, eine Pilzkrankheit, die die ganze Pflanze zum Erliegen bringt. Zudem betören einige Wildarten durch einen angenehmen Duft, etwa Clematis rehderiana mit winzigen Glockenblüten in Schlüsselblumengelb. Clematis x triternata `Rubromarginata` duftet dagegen süß und schwer, etwas nach gebrannten Mandeln.

178. DER RICHTIGE SCHNITT

Während man die großblumigen Sorten nur zur Verjüngung radikal einkürzen kann (bis weit in das dicke alte Holz), werden die Sorten der Viticella-Gruppe, die im Hochsommer blühen, alljährlich im Frühjahr so weit zurückgeschnitten, bis man die ersten Triebknospen in den Blattachseln erkennt. Abgeblühte Vorjahrestriebe sind nämlich abgestorben. So blühen die Pflanzen überreich.

179. ALS SICHTSCHUTZ

Für wirksamen Sichtschutz eignen sich nur die stark wachsenden Wildformen, allen voran die gelb blühenden Arten Clematis tangutica und Clematis orientalis. Ihre wachsartigen, sternförmigen Blüten verwandeln sich in fedrige Samenstände, die den Pflanzen bis weit in den Winter hinein ein attraktives Aussehen verleihen. Auch die weiß blühende Sorte `Paul Farges` empfiehlt sich.

PFLANZEN & PFLEGEN

180.

TOLLE BEGLEITER:

Clematis brauchen schattige Füße. Pflanzen Sie darum bodendeckende Stauden wie Funkien oder Storchschnabel oder Kleinsträucher vor die Basis der Waldrebe. Das hält den Boden kühl.

182. *Rankhilfe* SELBST GEBAUT

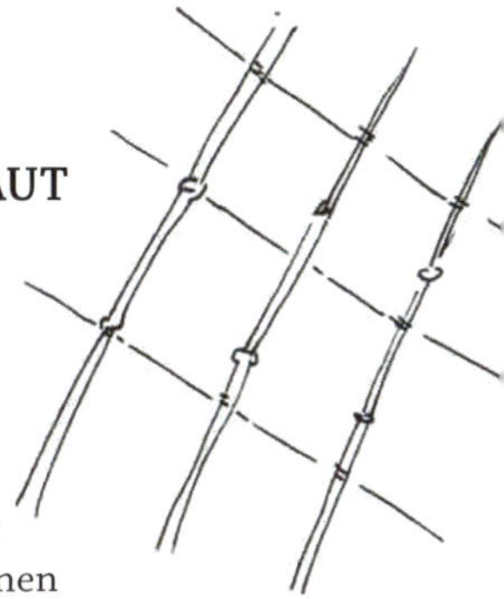

Clematis bilden Blattranken aus, das heißt, ihre Blattstiele winden sich in Zweige oder Rankgerüste. Im Unterschied zum Efeu, der mit Haftwurzeln auch an Wänden emporklimmen kann, brauchen sie also eine Stütze, wenn sie eine Wand begrünen sollen. Am einfachsten ist es, wenn Sie ein Stück Wildschutzzaun nehmen, oder Sie verdrahten Bambusrohre fest miteinander und hängen das Gerüst an die Wand.

181. SO PFLANZEN SIE CLEMATIS RICHTIG

STANDORT

Am Rankgitter wird die Clematis zunächst noch aufgebunden. Hortensien beschatten den Fuß der Pflanze wirkungsvoll.

PFLANZTIEFE

Pflanzen Sie immer ungefähr zwei Finger breit tiefer, als die neue Pflanze im Topf steht. Das stärkt die Pflanzenbasis.

AUSTOPFEN

Der Ballen sollte durchwurzelt sein. Ist die Erde sehr torfhaltig, schütteln Sie den oberen Topfbereich vorsichtig aus.

EINSETZEN

Das Loch sollte knapp doppelt so breit sein wie der Topfballen. Füllen Sie Erde ein und drücken Sie sie fest an. Angießen!

DIE KÜCHE IM FREIEN

183. GUT GEPLANT

Ganz gleich, ob Sie sich eine kostspielige Outdoor-Küche zulegen wollen oder nur im Garten grillen: Der Platz, an dem Sie dies tun, sollte gut vom Haus aus zu erreichen sein – am besten auf geradem Wege ohne Stufen. Das erleichtert den Transport von Kochutensilien. Achten Sie darauf, dass zumindest ein Teil des Essplatzes leicht verschattet wird, etwa von einem Baum. Das macht das Klima an warmen Sommertagen sehr viel angenehmer als in der vollen Sonne.

184. ESSBARE BLÜTEN

Frische Farbe auf dem Teller

Kapuzinerkresse: Die großen Blüten schmecken leicht scharf und eignen sich für kräftige Salate.

Stiefmütterchen: Sie ähneln im Geschmack leicht bitteren Wildkräutern und werden sparsam verwendet.

Begonien: Sie schmecken saftig und angenehm säuerlich. Auch die Staubgefäße kann man mitessen.

Tipps für *das Fest im Freien*

185. Vorbereiten Planen Sie das Gartenfest gut, sorgen Sie für ausreichend Plätze. Wenn nicht genug Stühle da sind, kann man es sich auf Decken gemütlich machen.

186. Haltbare Gerichte Bieten Sie beim Gartenfest Gerichte an, die Sie bereits vorbereitet haben. Wichtig: Sie sollten bei Wärme nicht so schnell verderben.

187. Getränke kühlen Ein Bottich mit Eiswasser ersetzt den Kühlschrank gut.

188. Improvisieren Sorgen Sie für eine ungezwungene Atmosphäre. Mischen Sie Geschirr und Besteck, wenn Sie nicht genug von einer Sorte haben.

189. Passende Beleuchtung Wenn es dunkel wird, sollten Lampen, Fackeln oder Windlichter für stimmungsvolles Licht sorgen.

190. Rasen schonen Mähen Sie den Rasen vor dem Fest ganz kurz, er hält mehr aus.

„WINTERHARTE" TROPENGÄSTE

191. ÜPPIGE BANANEN

Ernten kann man Früchte hier nicht, aber die bis zu zwei und mehr Meter langen Blätter der Faserbanane (Musa basjoo) kann man auch in unseren Gärten bewundern. Die Riesenstauden brauchen einen nährstoffreichen Boden und wachsen in einem Jahr mehrere Meter. In milden Wintern kann man den Stamm mit Vlies schützen, bei tieferen Minustemperaturen frieren die Pflanzen bis zum Boden zurück. Darum muss der Wurzelbereich mit einer mindestens 50 cm starken Schicht von Stroh und Laub großflächig abgedeckt werden. So treiben die Pflanzen im Frühjahr schnell wieder aus.

192. PASSIONSBLUMEN

Die filigranen Blütenkunstwerke der Blauen Passionsblume (Passiflora caerulea) erscheinen nur an vollsonnigen Plätzen. Aus dem Wurzelstock treiben die Pflanzen alljährlich bis zu 3 m lange Ranken, mit denen sie Wände oder Pergolen bergrünen. Ab dem Hochsommer werden dann Blüten gebildet. Bei Temperaturen unter -10° C können die mit Vlies geschützten Triebe auch überleben, mit etwas Glück hat man dann im nächsten Jahr die köstlichen Passionsfrüchte. Der Wurzelstock muss in jedem Fall dick gemulcht werden, um ihn frostfrei zu halten.

193. FUCHSIEN IM FREILAND

Es gibt eine ganze Reihe winterharter Fuchsien, z. B. Fuchsia magellanica, die man wie Stauden behandelt, weil ihre Triebe im Winter verfrieren. Dennoch treiben sie jedes Jahr wieder willig aus und blühen vom Hochsommer bis zum Frost.

194. BITTE MIT WINTERSCHUTZ!

Auch wenn die oberirdischen Pflanzenteile bei Minustemperaturen Schaden nehmen oder absterben, regenerieren sich Exoten aus dem Wurzelstock. Eine dicke Lage von Laub, Stroh und Zweigen sorgt dafür, dass er frostfrei bleibt.

KLEINKLIMA *im Garten nutzen*

195. UNGEWÖHNLICHE PLÄTZE NUTZEN Kleine Innenhöfe, Schutzdächer oder Dachüberstände schaffen oft außergewöhnliche Standortbedingungen, die vielen exotischen Pflanzen zusagen. Schauen Sie, ob es solche begünstigten Plätze in Ihrem Garten gibt!

196. WÄRME-INSELN SCHAFFEN Dunkles Terrassenpflaster oder dunkler Naturstein erwärmen sich schneller und speichern die Sonnenwärme länger. Sie sorgen in den benachbarten Beeten länger für mehr Wärme.

197. WÄRME LÄNGER SPEICHERN Mit eingetieften Plätzen auf Grundstücken in Hanglage oder niedrigen Trockenmauern schaffen Sie warme geschützte Kleinklimate.

198. SCHLECHTEN BODEN NUTZEN Dort, wo in Hausnähe Regenschatten herrscht, gibt es Plätze mit sehr trockenem Boden. Hier herrschen fast wüstenartige Bedingungen für Palmlilien (*Yucca*) und Co.

SOMMER IM GEMÜSEGARTEN

So schaffen Sie die nahrhafte Grundlage für gesunde Pflanzen

199. Aussaatzeit! Die allermeisten Gemüsesorten werden nun ausgesät. Achten Sie darauf, dass einige von ihnen nicht unmittelbar benachbart werden dürfen, denn die Pflanzen hemmen einander in Wachstum und Vitalität. Zwiebelarten dürfen nicht neben Kohlarten stehen; Erbsen kabbeln sich etwa mit Gurken, Kartoffeln, Kohlrabi, Bohnen, Zwiebeln, Rote Bete, Spinat, Sellerie, Mais, Kohl und Tomaten – es gibt regelrechte Tabellen, in denen man nachschauen kann, was im Einzelnen funktioniert. Umgekehrt fördern aber einige Benachbarungen das allgemeine Wachstum. Sehr bewährt haben sich Zwiebeln zu Möhren, Salat und Tomaten oder Kohlarten zu Bohnen, Salaten, Gurken oder Mangold.

200. Die letzten Gemüsesorten pflanzen Gegen Ende des Hochsommers können Sie nach dem Abräumen der ersten Gemüsebeete noch Wintergemüse pflanzen. Besonders Grünkohl, Rosenkohl und der asiatische Pak Choi kommen nun ins Beet; allerdings ist es für eine Freilandaussaat bereits reichlich spät. Ziehen Sie rechtzeitig Pflanzen selbst vor oder besorgen Sie sich diese etwa auf Wochenmärkten oder in Gärtnereien.

201. Feuerbohnen. Die robusten, sehr hoch kletternden Feuerbohnen bilden feste Schoten, die sich ausgezeichnet für herzhafte Eintöpfe eignen. Ihren Namen haben sie von den leuchtend signalroten Blüten, die eine echte Zierde sind. Sollten etwa Spaliere von Kletterpflanzen oder hohe Zäune nicht voll bewachsen sein, lohnt es sich sehr, dort ein paar Feuerbohnen zu säen. Der Effekt ist umwerfend.

202. Wärmeliebende Bohnen Abgesehen von den Dicken Bohnen vertragen alle anderen Bohnenarten, egal ob sie buschig wachsen oder hoch klettern, keine niedrigen Temperaturen. Sie dürfen erst dann ausgesät werden, wenn der Boden sich erwärmt hat und weder Fröste drohen noch die Nächte kühl sind. Eine Gartenregel besagt, dass sie erst gelegt werden, wenn die Johannisbeeren reifen und dass die Samen so flach in den Boden kommen, dass „sie die Glocken läuten hören können“. Besonders sicher keimen die großen Samen, wenn sie vor der Aussaat etwa 24 Stunden in Wasser vorquellen können.

203. FÜR DIE SALATSCHÜSSEL

Lücken auf Gemüsebeeten wollen immer gefüllt werden. Jetzt können noch Radieschen und Feldsalat gesät werden. Die Radieschen wachsen schnell und können noch vor dem Frost nach und nach geerntet werden. Feldsalat verträgt leichte Fröste und liefert sogar noch im beginnenden Winter vitaminhaltige Rohkost. Vorsichtshalber sollten Sie ihn aber bei einsetzender Winterwitterung mit Vliesauflagen schützen.

204. *Bodenkur*

Besonders intensiv genutzte Beete, etwa in Gemüsegärten, profitieren sehr von einer sogenannten Gründüngung. Sowie die ersten Ernten abgeräumt sind, empfiehlt sich etwa alle drei Jahre eine solche Maßnahme. Bitterlupinen oder Bienenfreund (Phacelia) werden nun spätestens ausgesät. Sie lockern den Boden auf und reichern ihn mit frischen Nährstoffen an. Lassen Sie sie bis zum Frost wachsen und arbeiten Sie dann die Pflanzenreste unter. Im kommenden Frühling werden die Beete dann wie üblich genutzt.

205. MÜDE NARZISSENPULKS?

Narzissen gehören zu den besonders langlebigen Zwiebelblumen des Frühjahrs. Sie vermehren sich zuverlässig durch Tochterzwiebeln. Dabei kann es vorkommen, dass sich der angewachsene Bestand mit der Zeit gegenseitig im Wege steht und Nährstoffe und Wurzelraum streitig macht – das Ergebnis ist ein Nachlassen der Blütenfülle. Falls Sie das beobachtet haben, können die Zwiebeln nach dem letzten Vergilben des Laubes vorsichtig mit der Grabegabel aufgenommen werden. Sie können dann in frisches Terrain weiter auseinander gepflanzt werden und bilden dort bald wieder neue größere und vor allem blütenreiche Bestände.

206.

Attraktive Blattsalate mit roten oder gekrausten Blättern können auch statt Blumen im Balkonkasten oder in Töpfen auf der Terrasse gezogen werden.

207. ERDBEEREN VERMEHREN

Erdbeerpflanzen verbreiten sich durch zahlreiche Ausläufer erfreulich üppig. Jetzt sind die jungen Pflanzen am Ende der Ausläufertriebe so kräftig, dass sie abgetrennt und in neuen Boden gesetzt werden können. Wählen Sie grundsätzlich zur Vermehrung Jungpflanzen aus, die besonders reich tragenden Pflanzen mit den am besten schmeckenden Früchten entspringen. Auf diese Weise verjüngen Sie ihre Erdbeerbestände (was sehr sinnvoll ist, weil die Pflanzen nach etwa drei Jahren degenerieren) und selektieren ihre besten Sorten selber weiter.

TERRASSE & BALKON

208. GIESSEN

Nur mit ausreichend Wasser sind Ihre Pflanzen in der Lage, ausreichend Nährstoffe aus dem Boden aufzunehmen – denn diese stehen nur in gelöster Form den Pflanzen zur Verfügung. Achten Sie also auf eine regelmäßige Wasserversorgung.

209. DÜNGEN

Sommerblumen in Kästen und Kübeln sind wie Leistungssportler. Für einen Flor ohne Pause brauchen sie regelmäßige Düngergaben mit einem Blühpflanzendünger. Düngen Sie wöchentlich flüssig oder alle paar Wochen mit einem granulierten Depotdünger.

210. AUSPUTZEN

Achten Sie darauf, dass Fuchsien, Geranien und andere Sommerblumen keine Saat ansetzen. Einige Sorten neigen sehr dazu und erschöpfen sich dann kurzzeitig. Wer allerdings Fuchsienfrüchte zu Gelee verarbeiten will, muss die Blühpause in Kauf nehmen.

212.

DER OLEANDER-TRICK

Der beliebte Oleander (Nerium oleander) braucht einen vollsonnigen, warmen Sommer, um reich zu blühen. Man kann ihm aber auch das Leben leichter machen, wenn er warmes Gießwasser bekommt – dann öffnen sich umso williger die vielen Knospen. Oleander braucht, wie viele Dauerblüher auch, unbedingt reichlich Dünger und Wasser; er darf niemals darben.

211.

LETZTE DÜNGUNG:
Prachtstauden, Kübel- und Balkonpflanzen und einjährige Sommerblumen sowie Dahlien und andere spät blühende Zwiebelgewächse warten nun mit einer besonders starken Blüte auf. Damit allen Dauerblühern bis zum Frost nicht die Puste ausgeht, brauchen sie neben einer guten Wasserversorgung auch noch reichlich Nährstoffe. Düngen Sie also noch einmal mit handelsüblichen, schnell wirkenden Präparaten.

Schwarzrot: Edelgeranie 'Lord Bute'
Sternförmig: die Sorte 'Supernova'

Wie eine Rosenblüte: die Geranie 'Appleblossom Rosebud'

213. GERANIEN

Neue Blumen aus alter Zeit

Eigentlich heißen sie Pelargonien, aber man kennt und liebt sie als Geranien. Die ursprünglich aus Afrika stammenden Sonnenanbeter sind seit langer Zeit züchterisch bearbeitet worden. Alle brauchen wöchentliche Düngergaben und müssen regelmäßig ausgeputzt werden.

DER SOMMERLICHE STAUDENGARTEN

214.

Pflanzen Sie Stauden in Gruppen – ob Sie diese Gruppen in Tuffs oder Bändern anordnen, ist eine Frage des persönlichen Geschmacks. Der Vorteil von bandartig verlaufenden Gruppen einer Pflanzenart: Sie können mit diagonal zum Betrachter verlaufenden, gelegentlich von anderen Pflanzen unterbrochenen Bändern eine stärkere Tiefenwirkung erreichen und das plastische Bild des Beetes herausarbeiten. Wer seine Beete so lange wie möglich attraktiv halten will, setzt auf spät blühende Stauden. So muss man sich nicht um das Verbergen abgeblühter Pflanzen sorgen.

215. Seerosen für die Terrasse

Auch auf Balkon und Terrasse können Sie einen Wassergarten anlegen. Zwerg-Seerosen brauchen nur eine Wassertiefe von ungefähr 30 cm, um gut zu gedeihen. Sie finden also in Fässern, Kübeln oder anderen Gefäßen einen Platz. Pflanzen Sie sie in handelsübliche Wasserpflanzenkörbe, am besten mit lehmiger Gartenerde oder spezieller Teicherde aus dem Fachgeschäft und decken Sie den Korb auch zur Befestigung der Pflanze mit grobem Kies ab. Seerosen sind Sonnenanbeter und brauchen unbedingt einen hellen Standort, der warm und sonnig ist. Dann blühen Sie den ganzen Sommer lang.

216. Solitärstauden

Imposante Stauden mit außergewöhnlichem Wuchsbild nennt man Solitärstauden – sie werden also einzeln gesetzt. Wirkungsvolle Solitärstauden mit langer Blütezeit im Sommer sind der weiß blühende Buschknöterich (*Polygonum polymorphum* Johanniswolke`, 150 bis 200 cm), höhere Chinaschilfsorten (*Miscanthus*) und an schattigeren Standorten die Silberkerzen der Gattung *Cimicifuga*.

ARBEITEN IM STAUDENBEET

217. PÄONIEN DÜNGEN Nach der Blüte im Frühsommer vergisst man die dicken Laubbüsche der Staudenpäonien gerne. Dabei sollten die Pflanzen gerade jetzt gedüngt werden, um Kraft für die Blüte im nächsten Jahr zu gewinnen.
218. ASTERN ENTSPITZEN Wer im Spätsommer und Frühherbst einen langen Asternflor haben möchte, sollte jetzt ungefähr ein Drittel der Triebe entspitzen. Sie verzweigen sich und blühen entsprechend später als die übrigen Triebe.
219. SALBEI UND RITTERSPORN ZURÜCKSCHNEIDEN Nach der ersten Sommerblüte können Rittersporn (*Delphinium*) und Steppen-Salbei (*Salvia* x *nemorosa*) ein zweites Mal blühen. Schneiden Sie die Pflanzen bis zum Boden zurück, düngen Sie und wässern Sie bei Trockenheit, dann kommt der Neutrieb schneller voran!

221. *Gut kombiniert*

Mit ihrem schmalen Laub und den üppigen grünen Blatthorsten sind Taglilien ideale Pflanzen für den Vordergrund oder mittleren Bereich eines Beetes. Während die kleinblumigen Wildarten oft schon im Spätfrühling blühen, haben die prächtigen Züchtungen im Hochsommer ihre große Zeit. Zwar hält jede Blüte nur ungefähr einen Tag – daher der Name – aber an den kräftigen, je nach Sorte 30 bis 80 cm hohen Stielen erscheinen über Wochen immer neue Blüten. Damit die exotische Schönheit der Blüten gut zur Geltung kommt, sollten sie vorzugsweise mit zarten Staudengestalten oder Gräsern kombiniert werden. Ein Platz an der vollen Sonne ist wichtig, damit die Pflanzen kräftig wachsen und die Stängel standfest bleiben. In Gruppen zu drei bis fünf Exemplaren ist die Wirkung stärker.

220. ESSBARE SORTEN

Taglilien mit besonders dicken Blütenblättern eignen sich gut für Salate. Der Geschmack erinnert ein wenig an knackigen Eisbergsalat. Grundsätzlich sind alle Hemerocallis-Blüten essbar. Pflücken Sie am besten morgens die leicht geöffneten Blüten.

Zart: Pastelltöne sind bei Taglilien sehr zahlreich.

Kontrastreich: Viele Taglilien zeigen ein abgesetztes Auge in der Blütenmitte.

222. Phlox

Der hohe Staudenphlox gehört wegen seines starken Duftes und der dichten Blütenstände zu den nostalgischen Schönheiten des Sommergartens. Oft wird seine Anfälligkeit für Mehltau beklagt. Sie können die Pflanzen stärken, indem Sie zu Beginn des Sommers noch einmal düngen und bei Trockenheit regelmäßig wässern. Übrigens verändert sich die Farbe der Blüten je nach Temperatur und Wetterlage!

223. *Iris teilen*

Die farbenprächtigen Züchtungen der Bartiris gehören zu den spektakulärsten Blütenpflanzen der ersten Jahreshälfte. Niedrige Sorten der Nana-Gruppe blühen bereits im Erstfrühling; halbhohe Sorten der Intermedia-Gruppe schließen sich im Vollfrühling an, und die hohen Elatior-Bartiris bilden ein fulminantes Finale im Frühsommer. Sie alle legen nach der Blütezeit eine kleine Ruhezeit ein; erst ab Spätsommer bilden sich neue Wurzeln an den Rhizomen. Darum ist der Hochsommer ideal, um sie zu teilen und umzusetzen – oder neue Pflanzen zu erwerben. Alt eingewachsene Pflanzen werden auf diese Weise aufgenommen, geteilt und so verjüngt, sollten aber in frischen Boden gesetzt werden. Rhizome aus der Pflanzenmitte sind vergreist und haben nur spärliche Blätter. Sie werden weggeworfen, die Pflanze hat meist mehr als genug Vermehrungsmaterial.

224. IM GARTENHAUS

Wer gärtnert, braucht auch Platz für Geräte, Rasenmäher, Töpfe, Dünger und andere Utensilien. Ein Gartenhaus oder Geräteschuppen ist daher sinnvoll. Wenn Sie es neu errichten wollen, machen Sie sich vorher Gedanken über den Standort. Entscheiden Sie sich für ein optisch weniger ansprechendes, aber zweckmäßiges Modell, können Sie es hinter einer Hecke oder größeren Gehölzen geschickt verbergen. Ein hübsches Gartenhaus sollte aber unbedingt in die Gestaltung einbezogen werden. Es wirkt großzügig und ist praktisch, wenn ein gerader Weg von mindestens 60 cm Breite darauf zuführt. Davor sollten Sie einen kleinen Platz anlegen, um Rasenmäher und Geräte leicht säubern zu können und andere Arbeiten zu erledigen.

225. GUT GEORDNET

Mit alten Holzkisten oder Obstkisten können Sie an der Außenwand Ihres Garten- oder Gerätehäuschens ein Regalsystem schaffen. Das sieht gut aus und ist praktisch.

226. TOPFSAMMLUNG

Werfen Sie Blumemtöpfe nicht weg. Wer viele Zimmerpflanzen hat oder selber Pflanzen vermehrt oder aussät, braucht immer Töpfe in verschiedenen Größen. Zudem eignen sich Plastiktöpfe sehr gut als Gießhilfe an durstigen Gemüsepflanzen – vor allem im Gewächshaus. Leere Töpfe im Wurzelbereich in den Boden einlassen und beim Gießen mit Wasser füllen. So geht nichts daneben.

227. *Montbretien pflanzen*

Optimal ist es, jetzt im Sommer blühende Pflanzen dieser herrlichen Sommerblüher im Topf zu kaufen. Dann ist man auch bei der Sortenauswahl sicher. Im Frühjahr kann man die Knollen im Blumenzwiebelfachhandel erwerben. Entweder Sie pflanzen sie Ende April an Ort und Stelle oder Sie topfen sie ein und ziehen die Pflanzen im Haus vor. Das erleichtert ihnen den Start. Nach der Blüte kann man die Pflanzen teilen und größere Gruppen pflanzen.

Leicht zu vermehren: Montbretien

228.

GLADIOLEN STÜTZEN

Die bunten Blütenschwerter der Gladiolen sind oft zu schwer und bedürfen einer Stütze. Pflanzen Sie sie daher in Tuffs und stecken Sie Reisig um die Gruppe – oder Sie verwenden eine ringförmige Staudenstütze.

229.

BLÜTEN IM HOCHSOMMER

Schon unsere Großeltern kannten die Montbretien (Crocosmia) und schätzten an ihnen die orangeroten kleinen Blüten, die zu Dutzenden an den bogigen Stängeln über dem schilfähnlichen Laub stehen. Sie waren damals wie heute wertvoll, weil sie mit ihrem exotischen Blütenfeuerwerk eine Lücke zwischen der Rosenblüte und den ersten Prachtstauden des Hochsommers schließen. Aber damit nicht genug: Crocosmien blühen je nach Sorte von Ende Juni bis Ende August, und selbst danach sind die attraktiven Samenstände noch monatelang eine Zierde. Einige Sorten wie Crocosmia `Lucifer` sind zuverlässig winterhart, sollten aber ca. 20 cm tief gepflanzt werden.

ARBEITEN IM SPÄTSOMMER

230. LAVENDEL ZURÜCKSCHNEIDEN Um Lavendelpflanzen kompakt zu halten, sollten diese nach der Blüte in Fasson geschnitten werden. Achten Sie darauf, nur an den jungen Trieben zu schneiden – aus tieferen Regionen regenerieren sich die Pflanzen nicht besonders gut, und es kommt zu kahlen Stellen. Aber wenn Sie diese Prozedur jährlich vornehmen und eine Kissenform dabei herausarbeiten, bleiben die Pflanzen stets attraktiv. Wer besonders geschlossene Kissen wünscht, kann auch Sorten wählen, die sehr niedrig bleiben, wie etwa 'Dwarf Blue'.

231. SOMMERPFLANZUNG Einige Pflanzen aus Zwiebeln und Knollen sollten im Sommer in der Erde sein, damit sie sich vor dem Winter zuverlässig einwurzeln. Als einzige Lilie werden Madonnen-Lilien nun flach gesetzt – sie müssen eine Blattrosette ausbilden, ehe es friert. Herbstzeitlose werden nun ebenfalls gesetzt, damit sie bereits im ersten Jahr blütenschön brillieren können. Arten, die empfindlich auf trockene Lagerung reagieren, wie Schneeglöckchen oder Märzenbecher kommen ebenfalls so früh wie möglich in den schützenden Boden.

232. HAGEBUTTEN GEFÄLLIG? Etwas verkannt ist der Schmuck vieler Rosen durch ihre markanten Hagebutten. Belassen Sie bei einmal blühenden Rosen Abgeblühtes. Besonders Sorten mit einfachen oder halb gefüllten Blüten – etwa die meisten Rambler und alle Wildrosen – setzen sehr reich Hagebutten an, die einen sehr schönen Herbstschmuck abgeben. Zwar stimmt es, dass öfter blühende Sorten durch das Entfernen der Blüten mit zwei Laubblättern verstärkt zum Weiterblühen angeregt werden, doch selbst bei diesen Sorten ist es äußerst reizvoll, nur den ersten Flor zurückzuschneiden und den zweiten Blütenschub stehen zu lassen. Meist lassen sich zwischen den reifenden Hagebutten noch hier und da einige Blüten bis in den Herbst hinein blicken. Bei öfter blühenden Ramblern oder Strauchrosen mit einfachen oder locker gefüllten Blüten finden sich sehr vitale Sorten, die reich fruchten – probieren Sie es einfach einmal aus.

233. INSEKTEN ERSETZEN

Stehen Tomaten oder auch Auberginen, Paprika und Peperoni in einem windstillen Gewächshaus oder Unterstand, brauchen sie zur Befruchtung Unterstützung, da kein Windzug den Pollen auf die Narben befördert. Schütteln Sie die Pflanzen immer wieder leicht, ist die Ernte gesichert. Hobbygärtner bezeichnen das als „Trillern".

235. *Saatgut lagern*

Gleichgültig, ob Sie selbst Saatgut von Ihren Gartenpflanzen nehmen oder Saatgut kaufen – stets sollte es in Papiertüten kühl und dunkel aufbewahrt werden. Nur so lagert es optimal, bis der richtige Zeitpunkt für die Aussaat gekommen ist.

234. STIEFMÜTTERCHEN AUSSÄEN

Auch wenn Stiefmütterchen allerorten preiswert zu kaufen sind, lohnt sich eine eigene Aussaat. Zum einen kann man von diesen problemlosen Muntermachern nie genug haben, und zum zweiten finden sich in Form von Saatgut mehr ungewöhnliche Farbstellungen als in den Verkaufstabletts der Gartencenter. Stiefmütterchensamen wird in Saatkisten sehr flach gesät. Er keimt nur bei nicht allzu hohen Temperaturen. Ein Trick ist, die Saatkisten in den Schatten zu stellen und mit nassen Säcken zu bedecken; die Verdunstungskälte sorgt für das passende Klima. Nach dem Auflaufen der Saat hat man die Wahl, die kleinen Pflanzen entweder direkt ins Freiland zu setzen oder erst in Töpfen weiterzukultivieren.

236. BIENENFREUNDLICHE PFLANZEN?

Gärten sind stets Schnittstellen zur Natur, und sie soll dort ja auch erlebt werden. Fördern Sie unbedingt die Vielfalt heimischer Insekten und bieten Sie ihnen neben Unterschlupf auch möglichst viele Pflanzen, bei denen sie Nahrung finden. Besonders die für die Bestäubung zahlreicher Kulturpflanzen unverzichtbaren Bienen brauchen bis zum Herbst Futterquellen. Setzen Sie darum nicht nur dicht gefüllt blühende Pflanzen in die Beete, sondern auch reichlich einfach blühende Sorten etwa von Rosen, Dahlien, Chrysanthemen, Sonnenblumen, Ringelblumen etc. Auch Wildstauden oder wildhaft anmutende Züchtungen versorgen die heimische Fauna. Hervorragend eignen sich etwa Schein-Sonnenhut, Patagonisches Eisenkraut, Indianernessel, Katzenminze, Salvien, Goldruten, Astern oder Prachtscharten.

GELIEBTE DAHLIEN

237. DAHLIEN FLEISSIG SCHNEIDEN Die Dahlienblüte setzt nun voll ein, und es ist schon enorm, wie reich sie ausfällt. Damit die Pflanzen bis zum Frost im Flor stehen, müssen Sie Verblühtes stetig bis zur Verzweigung des Blütenstiels ausschneiden. Jetzt können auch Blumensträuße erstellt werden; je mehr Sie schneiden, desto sicherer und reicher blühen die Pflanzen nach. Falls lange Stiele gewünscht werden, schonen Sie dennoch so viel Laub wie möglich. Geschnitten werden auch sie stets an einer Verzweigung eines Haupttriebes oder direkt über einem normal großen Laubblatt.

238. DAHLIENBLÜTE VERLÄNGERN Auch bei niedrigen Dahlien, die sich nicht zum Schnitt eignen, ist das Entfernen abgeblühter Blüten wichtig. Das regt sie zur Produktion neuer Blüten an. Natürlich brauchen diese Beetdahlien auch ausreichend Dünger, und vor allem sollten sie bei anhaltender Trockenheit unbedingt gewässert werden. Das beugt Mehltaubefall vor.

239. DAHLIEN VERMEHREN Jetzt kann man aus den Spitzen dünnerer Triebe gut Stecklinge schneiden. In einem Sand-Torf-Gemisch machen sie rasch Wurzeln, am besten in einem Mini-Gewächshaus.

240.

SONNENBRAUT ALS PARTNERIN

Sie sind die Clowns der Staudenrabatte im Hochsommer, leider geraten sie in Vergessenheit: Ändern Sie das und pflanzen Sie Sonnenbräute (Helenium). Die 40 cm bis über 1m hohen Sorten sind tolle Schnittblumen.

241. Schöne Echinacea

Jetzt klären wir die Sprachverwirrung auf: Man unterscheidet Sonnenbraut (*Helenium*), Sonnenblume (*Helianthus*), Sonnenauge (*Heliopsis*), Mädchenauge (*Coreopsis*), Sonnenhut (*Rudbeckia*) und den abgebildeten Purpursonnenhut (*Echinacea*). Er gehört su den attraktivsten Spätsommerblühern, und viele neue Sorten in orangeroten und gelben Tönen bereichern die Palette. Für alle gilt: durchlässiger Boden, volle Sonne und keine einengende Nachbarschaft!

Dahlien: fantastische Vielfalt

242. KAKTUSDAHLIE

Kaktus- und Semi-Kaktusdahlien haben zugespitzte, eingerollte Blütenblätter und eine dicht gefüllte Blüte. Von fern erinnern sie an einen tropischen Seeigel.

243. SCHMUCKDAHLIE

Schmuckdahlien oder dekorative Dahlien genannt, sind sehr variabel, haben gefüllte große Blüten und werden meist recht hoch. Die Blüte bildet keine Scheibe.

244. DUNKELLAUBIG

Einige Sorten haben attraktives, dunkelrotbraunes Laub. Zu ihnen zählen die Sorten der Bishop-Serie, allen voran die bewährte hohe Sorte `Bishop of Llandaff` (Bild).

Herbst
BÄUME & STRÄUCHER PFLANZEN • BEETE

WINTERFEST MACHEN • SCHNEIDEN

Phänologie & Garten IM HERBST

Jetzt ist die Zeit der Fruchtreife. Im Frühherbst zeigen sich die meisten fruchttragenden Gehölze in der Natur von ihrer schönsten Seite. Schwer hängen die glänzenden Holunderbeeren an den Sträuchern, und im Obstgarten beginnt die Erntezeit. Der Herbst ist auch die Zeit des Vogelzugs. Wer aufmerksam nach oben schaut, kann die typischen Keilformationen von ziehenden Wildgänsen und Kranichen am Himmel ausmachen. Der Vollherbst überzieht in diesen Wochen das Land mit bunten Farben. Besonders auffällig ist die rötliche Farbe der Buchenwälder vor dem nahen Laubfall. Im Garten verlieren Süßkirschen und Pflaumenbäume schon zeitiger ihre Blätter. Jetzt ist die beste Zeit, um im Garten Stauden und Gehölze umzupflanzen.

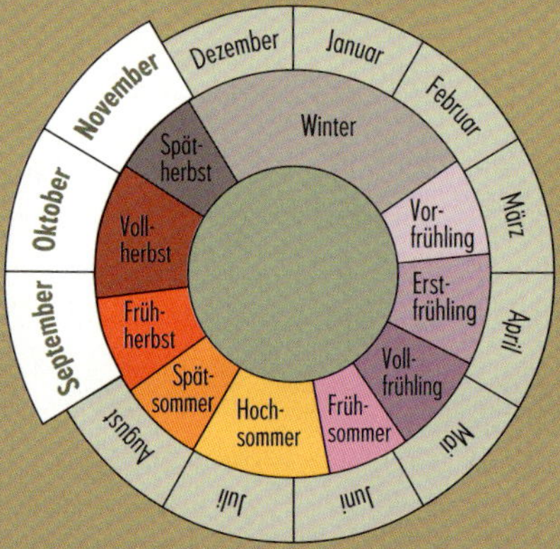

Der Herbst beginnt Mitte September und endet spätestens Anfang Dezember.

FRÜHHERBST

Weil er einer der häufigsten Wildsträucher ist, lässt sich an der Fruchtreife des Schwarzen Holunders auch der Beginn des Frühherbstes ablesen. Die Bäume stehen aber noch voll im Grün.

Der Schwarze Holunder ist als heilkräftiger Vitaminspender bekannt.

VOLLHERBST

Wenn das Wetter mitspielt, spricht man im Vollherbst gerne vom „goldenen Oktober". Der Beginn der Laubfärbung in unseren Wäldern markiert den Wechsel zum farbenfrohen Finale in der Natur.

Die Laubfärbung entsteht, weil Bäume Nährstoffe aus Blättern abziehen.

SPÄTHERBST

Jetzt entkleiden sich die Bäume nach und nach. Am längsten haftet das Laub an Buchen und Eichen. Mit dem Laubfall bereiten sich die Bäume auf die Ruhezeit im kommenden Winter vor.

Falllaub ist eine Humusquelle und sollte nicht entsorgt werden.

Bunte Rinden sorgen dafür, dass auch während der kalten Jahreszeit Farbe in den Garten kommt.

245. *Herbstzeitlose*

Die Herbstzeitlosen (*Colchicum autumnale*) schieben jetzt ihre Blütensträuße aus dem Boden. Nachdem das üppige Laub abgestorben ist, beginnt die Entwicklung der rosa Kelche. Die dicken Knollen blühen sogar ohne Erde im Zimmer, wenn man sie jetzt kauft! Aber im Topf oder im Garten fühlen sie sich wohler. Das Alkaloid Colchicin macht sie giftig, aber solange man die Pflanzen nicht verzehrt, sind sie völlig ungefährlich! Herbstzeitlose wachsen in der Natur auf Wiesen und mögen auch im Garten nicht zu trockene, offene Stellen, wo sie sich mit der Zeit gut vermehren.

HERBSTZEIT IST BLÜTENZEIT

SCHÖNE HERBSTBLÜHER

246.

Für Fülle

Die Herbst-Anemonen (Anemone-japonica-Sorten) leiten den Übergang vom Sommer zum Herbst ein. Sie fühlen sich auch im Halbschatten wohl.

247.

Duftend

Eine der frühen unter den winterharten Chrysanthemen ist die Sorte `Poesie`, deren mittelgroße, rahmweiße Blüten süß duften und in der Vase halten.

248.

Lang haltend

Die Sorten der hohen Staudenfetthenne (Sedum spectabile) bilden in der Sonne kompakte Horste von 30 bis 50 cm Höhe. Sie blühen lange.

249.

Spät

Die Garten-chrysantheme `Königssohn` hat rotbraune, geheimnisvoll gefärbte Blüten, die oft erst im November ihre Vollblüte erleben.

250. Gräserpracht

Chinaschilf (*Miscanthus*) ist eine herrliche Solitärstaude für den Hintergrund eines Beetes. Die Blütenähren changieren je nach Sorte von Zartrosa bis ins Silbrige. Auch im Winter sehen die Horste gut aus und sollten erst im Frühjahr abgeschnitten werden.

251. Für Falter

Der rosa Dost (*Eupatorium purpureum*) ist eine herrliche Staude, die im Spätsommer mit der Blüte beginnt und dann über Wochen ein Magnet für Tagfalter ist. Sie lieben es, von den nektarreichen Blütenschirmen zu naschen. \`Riesenschirm\` ist eine standfeste Sorte mit besonders breiten Blütentellern.

252. Weniger ist mehr

Wie das Bild links zeigt, können Sie auch mit wenigen Stauden und Gräsern jetzt im Frühherbst ein ansprechendes Gartenbild erzielen. Denken Sie bei der Planung von Beeten also auch an die letzten Monate des Gartenjahres.

PFLANZZEIT: Früh dran sein!

Einige Stauden wurzeln jetzt am besten

253. PÄONIEN PFLANZEN

Relativ wenig bekannt ist, dass Päonien (Pfingstrosen) nicht nur getopft, sondern auch als wurzelnackte Pflanzen erhältlich sind. Jetzt werden die ruhenden Wurzelstöcke angeboten und können gepflanzt werden, solange der Boden offen ist. Bei staudig wachsenden Arten und Sorten werden sie nur ein, zwei Zentimeter hoch mit Erde bedeckt; Strauch-Päonien brauchen eine dickere Erdschicht über den Wurzeln. Der immense Vorteil der wurzelnackten Pflanze ist, dass die Wurzeln sehr viel größer sind als bei getopfter Ware, die im Frühling oder Sommer angeboten wird. Gute Qualitäten blühen bereits im kommenden Frühsommer.

254. SCHMUCKLILIE

Viele kennen die blau oder weiß blühende Schmucklilie (*Agapanthus*) nur als frostempfindliche Kübelpflanze. Dabei gibt es von der schönen Afrikanerin auch winterharte Sorten, die sich für sonnige Beete eignen. Zu ihnen zählen unter anderem die Headbourne-Hybriden. Das Besondere an den winterharten Formen ist, dass sie laubabwerfend sind. Anders als die immergrünen Kübelsorten wird ihr Laub selbst bei frostfreier Überwinterung gelb und zieht ein. Schmucklilien pflanzt man am besten frühzeitig, damit sie vor der herbstlichen Kälte noch anwachsen können. Winterschutz mit einer Laubmulchdecke ist unbedingt ratsam.

255. TÖPFE NICHT VERGESSEN!

Alle Zwiebel- und Knollenpflanzen eignen sich ausgezeichnet zum Bepflanzen von Gefäßen. Kleine, feine Gewächse, etwa die wunderschöne Riege niedriger Tulpenarten, offenbaren aus der Nähe ihre besondere Raffinesse. Das Plus: Sie sind in Gefäßen vor Wühlmäusen geschützt und können nach der Blüte, wenn das Laub vergilbt, weiter gepflegt und an einen unauffälligen Platz gestellt werden.

256. *Zwiebeln im Rasen*

Wenn Sie kleinere Blumenzwiebeln in den Rasen pflanzen wollen, stechen Sie mit dem Spaten Rasensoden etwa 5 cm tief aus. In handlicher Größe lassen sie sich anheben, beiseitelegen und dann kann man in Ruhe die Zwiebeln von Krokus und Co. in die Erde legen. Dann die Sode wieder einpassen und fertig!

257. PFLANZZEIT!

Jetzt zeigen die Beete erste Lücken, wo Zwiebeln und Knollen gesetzt werden können, um einen reichen Frühlingsflor vorzubereiten. Während in Prachtstaudenbeeten großblumige Tulpen, Narzissen, Kaiserkronen, Hyazinthen, Zierlauch und Steppenkerzen voll zur Geltung kommen, eignen sich kleinwüchsige Arten wie Krokusse, Netz-Iris, Blausternchen, blaue und weiße Traubenhyazinthen, Schachbrettblumen oder Winterlinge sowie kleinblumige Narzissen vorzüglich zum Verwildern unter Gehölzen oder im Rasen. Als Faustregel für die Gestaltung gilt: Je kleiner eine Pflanze ist, desto größere Gruppen sollten gepflanzt werden.

258. TREULOSE TULPEN?

Vor allem großblumige Prachttulpen blühen oft im ersten Jahr berauschend schön und lassen dann sehr deutlich in ihrer Vitalität nach, um nur noch ein, zwei Blätter zu bilden. Der Grund liegt meist darin, dass unsere Sommer zu nass sind und/oder der Boden zu schwer ist. Tulpen brauchen nach ihrer Vegetationszeit im Sommer einen möglichst trockenen, warmen Boden. Sollten die Gegebenheiten im Garten das nicht hergeben, kann man sie dauerhaft am besten in Töpfen halten. Diese werden mit leichter Erde befüllt – ausreichend gewässert und gedüngt. Setzt das Vergilben des Laubes ein, stellt man die Gefäße an einen sonnigen, aber regengeschützten Platz und gießt nicht mehr. So backen die Zwiebeln in der Sommersonne regelrecht aus und können im kommenden Herbst erneut in frische Erde gesetzt werden – meist mit einer ansehnlichen Vermehrungsrate.

259. Zier-Apfel

260. Rosafrüchtige Eberesche

261. Gelber Zier-Apfel

262. Liebesperlenstrauch

263. Wildrose

264. Schneebeere

FRÜCHTE DES HERBSTES

259. *Zier-Apfel*
Unter den zahlreichen Sorten der reich blühenden Zier-Äpfel besticht *Malus* ' Indian Magic' durch extrem leuchtend orangerote Früchte.

260. *Rosafrüchtige Eberesche*
Sorbus vilmorinii ist ein 3 bis 5 m hoher Kleinbaum mit rosa-weißen Beerenfrüchten.

261. *Gelber Zier-Apfel*
Malus 'Golden Hornet' hat reingelbe Früchte.

262. *Liebesperlenstrauch*
Die glänzenden lila Beeren von *Callicarpa bodinieri* sind bei der Sorte 'Profusion' besonders zahlreich.

263. *Wildrose*
Besonders auffallend sind die flaschenförmigen Hagebutten der bis 3 m hohen *Rosa moyesii*.

264. *Schneebeere*
Sie wuchert zwar, aber der bis 2 m hohe Strauch ist mit seinen „Knackbeeren" ein echter Hingucker.

265. *Aus dem Garten*

So einen Kranz können Sie außer mit den lila *Callicarpa*-Früchten aus verschiedenen Beerenfrüchten fertigen. Dazu werden kleine Abschnitte der fruchttragenden Zweige mit dünnem Bindedraht auf einen Drahtkranz gebunden. Auf einen zweiten größeren Kranz binden Sie Plattenmoos aus dem Blumengeschäft. Dann legen Sie den Beerenkranz auf den Mooskranz, fertig ist das Kunststück. Es eignen sich alle Arten von Beerenfrüchten, die fest sind und nicht schnell abfallen.

266. SO BINDEN SIE EINEN KRANZ

SIE BRAUCHEN:

Zweige der Schönfrucht, Moos (Plattenmoos vom Gärtner), einen Kranzreifen aus gewelltem Draht (Bastelgeschäft).

UNTERLAGE:

Verwenden Sie am besten vorgefertigte Kranzreifen, weil sie stabiler sind als selbst geflochtener Bindedraht.

ZUSCHNEIDEN:

Die Zweige der Schönfrucht werden in Stücke von ca. 4 bis 5 cm Länge zerschnitten. Vorher Moos auf die Unterlage drahten.

ANLEGEN:

Ist die Moosunterlage um den ganzen Ring mit Bindedraht gebunden, werden die Zweige dicht an dicht daraufgebunden.

267. SAMMELN & DEKORIEREN

Jeder Garten bietet im Herbst reichlich natürliches Material für schöne Dekorationen. Es müssen nicht immer die schönsten Beeren sein, auch aus gebündelten Strauchabschnitten und Blättern lassen sich interessante Basteleien herstellen. Also, Augen auf!

268. BUNTES LAUB

Buntes Herbstlaub gehört zu den schönsten Dekorationen für einen geschmückten Tisch. Doch leider ist es nicht lange haltbar. Ist es erst trocken, wird es brüchig. Einen Laubzweig können Sie eine Zeit lang konservieren, indem Sie ihn in eine Vase mit 1 Teil Wasser und 1 Teil Glycerin (aus der Apotheke) stellen. Der Zweig sollte 5 bis 10 cm im Wasser stehen und unten lang angeschnitten sein. Das Laub ist haltbarer gemacht, wenn sich nach einiger Zeit glänzende Tröpfchen darauf zeigen. Es hält dann je nach Raumtemperatur bis zu drei Wochen in einer Vase mit sauberem Wasser.

269. HALTBARE BEEREN

Beeren können Sie mit Haarlack haltbarer machen, er versiegelt die Oberflächen und der Verfallsprozess wird verlangsamt. Allerdings müssen die Beeren fest und frei von Schadstellen sein. Auch ohne Hilfe halten die Früchte von Zier-Äpfeln (auch Holz-Äpfel genannt) mehrere Wochen.

270. ZWEIGE UND MOOS

Wunderbar gestalten kann man mit Moos und Zweigen. Plattenmoos kauft man im Gartencenter oder beim Blumenhändler, keinesfalls sollten Sie es aus dem Wald mitnehmen, da Moose im Kreislauf des Waldes eine wichtige Rolle spielen. Es ist aber nichts dagegen einzuwenden, wenn Sie beim Spaziergang herabgefallene Äste oder Zweige mitnehmen, um mit ihnen ein herbstliches Arrangement zu gestalten. Auch der Garten ist eine gute Quelle, und der herbstliche Gehölzschnitt steht ohnehin an.

ROSEN IM HERBST

271. Einmal blühende Rosen auslichten

Während öfter blühende Rosen im Frühling zurückgeschnitten werden, haben Sie bei einmal blühenden Sorten die Wahl, entweder jetzt oder im zeitigen Frühling auszulichten. Sowie das Laub gefallen ist, offenbart sich der Strauchwuchs, und Sie können erkennen, welche Triebe zu belassen oder entfernen sind. Schneiden Sie alle Triebe an der Basis aus, die sehr fein verzweigt sind und im kommenden Jahr nur kleine Blüten und ein Wirrwarr aus Ästchen bilden würden. Als Faustregel gilt, dass Triebe, die älter als drei oder vier Jahre und vergreist sind, weichen sollten. Lange unverzweigte Triebe können leicht eingekürzt werden. Auch wenn ein Neutrieb sehr die Form der Pflanze stört oder anderen im Wege steht, wird er nach Bedarf etwas gekürzt.

272. Wurzelnackte Rosen

Wer jetzt wurzelnackte Gehölze und Rosen pflanzt, kann sicher sein, einen optimalen Zeitpunkt abzupassen. Der Boden ist noch warm genug, dass die Pflanzen vor der Frostperiode Wurzeln bilden. Drohen kurz nach der Pflanzung erste Fröste, empfiehlt es sich, die Pflanzstelle mit Fichtenreisig oder Ähnlichem abzudecken, damit sie nicht zu schnell durch Eis versiegelt ist. Die Pflanzen wurzeln sich bestens ein und starten im kommenden Frühling sofort mit dem neuen Austrieb – meist blühen Rosen so etwas eher, als wenn sie erst im Frühling gesetzt wurden.

273. PFLANZSCHNITT BEI ROSEN

GUTE WURZELN:
Frisch gerodet kommen die Rosen vom Feld. Die Wurzeln sind dicht und lang. Sie wachsen gut an. Früher war das die beste Pflanzware.

SCHNITT REGT AN:
Wenn die Wurzeln um ein Viertel gekürzt werden, wird die Neubildung nach der Pflanzung angeregt. Auch dicke Wurzeln werden geschnitten.

AUCH DIE ZWEIGE:
Kürzen Sie die Zweige um die Hälfte, Beetrosen auch bis zu zwei Drittel ein. So bestocken sich die Rosen im nächsten Jahr besser.

PFLANZZEIT FÜR GEHÖLZE

274. Bäume

Bäume werden mit Ballen (Bild) oder im Container angeboten. Sie sollten als Anwachshilfe einen Baumpfahl oder andere Stützen erhalten. Sie müssen im Folgejahr gut gegossen werden.

275. Obstgehölze

Auch heute noch werden Obstgehölze vom Apfelbaum bis zur Stachelbeere in Baumschulen als Wurzelware verkauft. Sie müssen bei der Pflanzung zurückgeschnitten werden.

276. Ziersträucher

Wurzelempfindliche Sträucher wie Magnolien oder Zaubernuss sollten Sie immer im Topf kaufen. Das Anwachsen macht dann weniger Probleme als bei nicht optimal versorgter Ballenware.

277. Immergrüne

Kirschlorbeer, Glanzmispel und Koniferen müssen auch im Winter und nach der Pflanzung gegossen werden. Sie verdunsten ständig Wasser und können leichter vertrocknen.

278. STAMMHÖHEN IN DER BAUMSCHULE

Die Höhe des Stammes bestimmt, wie leicht die Ernte ist und ob man den Platz unter dem Baum nutzen kann.
a. Hochstamm: 180 bis 220 cm **b. Halbstamm:** 100 bis 160 cm **c. Buschbaum:** 40 bis 60 cm

279. MULCH – JA ODER NEIN?

Als Hilfe gegen zu starken Unkrautwuchs hat sich Mulch bewährt. Man kann grundsätzlich mit allen organischen Materialien den Boden zwischen Pflanzen bedecken. Am gebräuchlichsten ist zwar Rindenmulch aus dem Handel, doch auch kleinteilige Gartenabfälle von Schnittarbeiten eignen sich gut; lediglich Schnittgut von Gehölzen sollte erst etwa zwei Monate ablagern, da es in der ersten Verrottungsphase dem Boden Stickstoff entzieht. Die Mulchschicht darf nicht zu dick aufgebracht sein, sonst fault das Material. Leider beherbergt Mulch auch Schnecken sehr gut – hier muss dann besonders auf Befall geachtet werden. Zwischen Rosen hat sich Mulch nicht bewährt, in Staudenbeeten oder unter Gehölzen hingegen leistet er gute Dienste.

280. *Baumpfahl anbringen*

Ein Baumpfahl wird bei Hochstämmen am besten diagonal angebracht, sodass der Stamm ungefähr in der Mitte daran festgebunden wird. Das schafft meistens ausreichend Stabilität und sieht nicht so störend aus wie ein stammlanger, aufrechter Pfahl. Größere Bäume sollten mit einem Dreibein umgeben werden, dazu werden drei Baumpfähle mit Leisten verstrebt und der Baum darin angebunden.

281. EINEN ZIERSTRAUCH BALLIEREN

So transportiert ein Profi seine Pflanzen

UMSTECHEN

Die Pflanze wird spatentief ringsum umstochen. Machen Sie den Ballen dabei nicht zu klein.

UNTERSTECHEN

Haben Sie etwas Erde um den künftigen Ballen entfernt, stechen Sie mit dem Spaten darunter.

ANHEBEN

Haben Sie die Wurzeln sauber durchtrennt, testen Sie mit dem Spaten, ob die Pflanze lose sitzt.

AUFNEHMEN

Fassen Sie den Strauch an der Basis und heben Sie ihn mit dem Ballen aus dem Loch.

BALLIEREN

Setzen Sie ihn auf ein Ballentuch aus Gärtnerleinen (aus dem Fachhandel oder der Baumschule).

VERKNOTEN

Die gegenüberliegenden Ecken des Ballentuches werden verknotet. So bleibt der Ballen fest.

SCHLIESSEN

So verfahren Sie auch mit den anderen Ecken. Das Ballentuch bleibt bei der Pflanzung erhalten.

FERTIG!

Tipp: Großgehölze sollten schon im Frühjahr umstochen werden, damit sich Wurzeln im Ballen bilden.

DIE BESTEN HERBSTFÄRBER
Laub für ein Feuerwerk der Farben

282. Ahorne
Die Gattung der Ahorne ist riesig, aber fast alle, vom kleinen Japanischen Fächer-Ahorn (*Acer palmatum,* Bild) bis zum großen Silber-Ahorn (*Acer saccharinum*), haben eine auffallende Herbstfärbung. Sie reicht je nach Sorte, Standort und Witterung von leuchtendem Gelb über Orange bis zu Feuerrot und Purpur.

283. Amberbaum
Der Amberbaum (*Liquidambar styraciflua*) ist ein mittelgroßer Baum, dessen gelappte Blätter an die eines Ahorns erinnern. Sie färben sich mit spektakulären Verläufen und sorgen alljährlich in Amerika mit anderen Bäumen für den berühmten „Indian Summer", das glühende Rot der Wälder. Sie wachsen eher langsam.

284. Tupelobaum
Für feuchte Böden eignet sich der Tupelobaum (*Nyssa sylvatica*). Die Herbstfärbung ist rot-orange und lang anhaltend. Die aufrecht wachsenden und erst im Alter ausladenden Bäume sind aber in der Jugend manchmal etwas frostempfindlich.

ERNTEZEIT IM OBSTGARTEN

285. REIFE PRÜFEN Ob Äpfel erntereif sind, erkennt man daran, dass sie sich bei leichtem Drehen mit dem Stiel vom Zweig lösen lassen. Hängen sie noch sehr fest, sollte Sie noch etwas warten.

286. BEHUTSAM DREHEN Reißen Sie nicht an den Zweigen, denn mit jedem heruntergerissenen Apfel bricht ein Kurztrieb ab, der im nächsten Jahr wieder Blüten und Früchte tragen kann.

287. DER VERLÄNGERTE ARM Mit einem Apfelpflücker erreicht man auch Früchte in großer Höhe. Allerdings erfordert es etwas Übung, mit dem unhandlichen Gerät umzugehen. Nehmen Sie nie mehr als zwei bis drei dicht nebeneinanderhängende Äpfel, um die Früchte zu schonen. Ist der Pflücker zu voll, verderben weiche Sorten schneller.

288. DRUCKSTELLEN VERMEIDEN Bei der Ernte und der Lagerung sollten Sie vorsichtig mit den Früchten hantieren. Druckstellen, die zunächst nicht sichtbar sind, werden sonst bald zu braunen Flecken, die zum Verfaulen des Apfels führen.

289. RICHTIG LAGERN Äpfel werden auf einer Lage Zeitungspapier in luftigen Regalen kühl und dunkel gelagert. So bleiben sie lange frisch, und Lagersorten entwickeln in den nächsten Wochen ihr typisches Aroma. Bewahren Sie Äpfel nie in Körben oder Kisten ungekühlt auf, sie verderben dann oft schnell, weil Druckstellen unbemerkt bleiben.

290.

Apfel, Birne oder was?

Apfelquitte: Die Früchte sind immer goldgelb und sehr hart. Vom Stiel her haben sie einen leichten Flaumüberzug, der aber in der Vollreife nahezu verschwindet. Man unterscheidet wegen der Fruchtform Apfel- und Birnenquitte.

Birne: Nicht jede Birne ist charakteristisch birnenförmig. Einige Sorten wie die abgebildete 'Madame Verte' können sogar eiförmig oder etwas rundlich sein. Typisch für Birnen: Solange sie am Baum hängen, sind sie selten gelblich.

291.

LAGERÄPFEL

Als Lageräpfel bezeichnet man Apfelsorten, die ihre Genussreife erst nach der Ernte erreichen. Sie nehmen dann an Süße und Geschmack noch zu. Typische Lageräpfel sind z. B. Boskoop.

292. Igel lieben es unaufgeräumt

Wer in seinem Garten einen Igel beherbergt, hat mit ihm eine vorzügliche Schützenhilfe im Kampf etwa gegen Schnecken. Bekanntlich legen Igel eine Winterruhe ein – dazu brauchen sie einen ungestörten Platz, der Schutz bietet. Belassen Sie also an einer unauffälligen Stelle im Garten alles, wie es ist, und schichten Sie noch einen Hügel aus Reisig, Falllaub und Staudenrückschnitt auf. Igel lieben diese „Unordnung" und richten sich im Winter dort häuslich ein.

WOHIN MIT DEM LAUB?

293. AUF DEN KOMPOST Kompost wird durch das Beimischen von Laub schön locker. Sie können auch nur Laub kompostieren und den fertigen Laubhumus nach zwei Jahren für Schattenstauden verwenden. Langsam verrotten Eichen- und Buchenlaub, das Laub von Obstgehölzen, Rosskastanien und Ahornen wird schneller umgesetzt.

294. ALS MULCHDECKE Auf dem Rasen muss Laub abgeharkt werden, damit die Rasengräser Licht und Luft bekommen. Auf den Beeten kann es liegen bleiben. Denn hier dient es als Bodendecke, die vor Kahlfrost und Nährstoffverlust schützen kann. Nur allzu dicke Lagen sollten Sie etwas ausdünnen, damit Stauden besser austreiben können.

295. FÜR WINTERSCHUTZ Besonders das langsam verrottende Laub von Buchen und Eichen ist ideal, um empfindliche Gehölze und Stauden zu schützen. Es beibt luftig und hält schon warm.

296. FÜR IGEL Haufen aus trockenem Laub und Reisig sind ein willkommener Überwinterungsort für Igel. Entfernen Sie Laubhaufen darum erst nach einer Kontrolle auf schlafende Stacheltiere.

297. ZURÜCKSCHNEIDEN

Fast alle sommerblühenden Stauden können nun zurückgeschnitten werden – doch das ist kein Muss. Sehr reizvoll kann es aussehen, wenn noch Samenstände etwa von Astern, Fette Henne oder Gräserpulks stehen bleiben. Bei Pflanzenarten, die empfindlicher auf Winternässe in ihrem Zentrum reagieren, empfiehlt sich ein Zusammenbinden der Blattschöpfe. Pampasgras, Lampenputzergras oder Fackellilien kommen besser durch den Winter, wenn Niederschläge außen am Blattwerk ablaufen können.

298. *Schneckeneier vernichten*

Beim Durcharbeiten der Beete stößt man in diesen und den kommenden Wochen gelegentlich auf kleine Häufchen mit perligen Kügelchen – hier handelt es sich um Schneckeneier. Wann immer Sie sie finden, sollten Sie diese sofort vernichten, damit sich keine neue Generation der gefräßigen Weichtiere entwickeln kann.

HERBST IM STAUDENGARTEN

299. ALTES ENTFERNEN

Stehen gebliebene Triebe und Blätter von nicht standfesten Stauden können nun entfernt werden. Meist sehen sie sowieso recht ramponiert aus. Anders verhält es sich mit winterstabilen Stauden wie Brandkraut (Phlomis russelliana) und den Blütenständen von Karden (Dipsacus fullonum), die noch gut aussehen.

300. TEILEN & UMSETZEN

Besonders bei Prachtstauden kommt es vor, dass eingewachsene Pflanzen nach ein paar Jahren an Vitalität verlieren und weniger reich blühen. Dann ist der Zeitpunkt gekommen, sie komplett aus dem Boden zu nehmen und in etwa faustgroße Stücke aufzuteilen, die in frisches Terrain umgesetzt werden. So regenerieren sich die Pflanzen wieder. Grundsätzlich pflanzt man Frühlingsblüher nach der Blüte derart um; Arten, die etwa ab Mittsommer blühen, werden jetzt geteilt. Besonders Astern, Bart-Iris und Wieseniris, Indinanernesseln, Sonnenbraut, Chrysanthemen oder Rittersporne profitieren sehr von einer solchen Verjüngungskur etwa alle vier bis fünf Jahre.

ZIMMERPFLANZEN

301. AZALEEN

Azaleen, die den Sommer im Garten verbracht haben, gewöhnt man allmählich an temperierte Räume. Am besten ist ein heller, kühler Platz, etwa im Treppenhaus oder vor dem Schlafzimmerfenster. Erst wärmer stellen, wenn die Knospen Farbe zeigen.

302. WEIHNACHTSKAKTUS

Er mag nicht gedreht werden, sonst wirft er die Knospen ab. Stecken Sie ein kleines Hölzchen in den Topf und nehmen Sie es als Lichtmarke.

303. KAKTEEN

Fast alle Kakteen müssen trocken, kühl und hell überwintert werden. Bei Temperaturen von 8° bis 12° C fühlen Sie sich wohl. Das regt die Blüte an.

304. WINTERQUARTIER

Die beliebtesten Kübelpflanzen stammen aus tropischen oder subtropischen Gegenden und vertragen keinen Frost. Ehe die Temperaturen unter 0° C fallen, werden Oleander, Agapanthus, Margeriten, Fuchsien, Engelstrompeten, Bleiwurz, Myrte und viele mehr in einen kühlen, hellen, frostfreien Raum geräumt. Entfernen Sie vorher alle kränklichen Blätter sowie Verblühtes und wässern Sie trockene Topfballen noch einmal gründlich. Ist das Wetter mild und frostfrei, sollten die Pflanzen besser an einer regengeschützten Stelle im Freien stehen als im dunklen Keller oder in einem zu warmen Treppenhaus.

305. MÄSSIG GIESSEN

Die Topfballen werden während der Winterruhe nur leicht feucht gehalten, damit es nicht zu Fäulnis kommt. Gedüngt wird selbstverständlich nicht mehr.

306. KONTROLLIEREN

Achten Sie im Winterquartier auf Schädlingsbefall: Spinnmilben, Schildläuse und Woll- oder Schmierläuse können sich jetzt unbemerkt vermehren und sind schwer zu bekämpfen. Blattfall bei Oleander und anderen Immergrünen und helle Punkte auf den Blättern deutet auf Thripse hin, die unter den Blättern sitzen. Systemische Pflanzenschutzmittel aus dem Fachhandel helfen.

307. *Spätes Gemüse schützen*

Typische späte Gemüse sind diverse Kohlarten, allen voran Rosenkohl und Grünkohl. Sie entfalten ihren besten Geschmack nach den ersten leichten Frösten und widerstehen geringen Minusgraden auch bis in den Winter hinein. Pak Choi, Endivien oder Eissalat sollten Sie bei anstehenden Frösten aber besser durch Vliese schützen. So können Sie noch einige Wochen nach und nach immer wieder frisches Gemüse ernten.

HERBST IM GEMÜSEGARTEN

308. KÜRBISSE

Bis zu den ersten milden Frostnächten kann man mit der Ernte der Kürbisse ruhig warten. Temperaturen etwas unter dem Gefrierpunkt schaden kurzzeitig nicht. Lagern Sie die Früchte nach der Ernte trocken und kühl, etwa in der Garage oder im kühlen Keller. Dort halten sie lange.

309. APFELBÄUME GESUND ERHALTEN

Wo sich auf Äpfeln schorfige Stellen zeigen, sollte das herunterfallende Laub der betreffenden Bäume weitgehend zusammengeharkt und kompostiert werden. Die Pilzsporen der Schorfpilze infizieren im nächsten Frühjahr den Baum vom Boden aus. Auf dem Kompost kann man das Laub unter einer Schicht des letzten Rasenschnittes schnell zum Verrotten bringen. Dort entsteht selbst bei kühleren Temperaturen so viel Wärme, dass die Pilzsporen unter Luftabschluss absterben. Diese alte Methode erspart Ihnen vielleicht den chemischen Pflanzenschutz. Aber man braucht Geduld dafür!

310. DIE ERSTEN FRÖSTE

Nicht selten treten nun die ersten Fröste in der Nacht auf. Auch wenn die Temperaturen dann meist nur Werte knapp unter dem Gefrierpunkt erreichen, werden die empfindlichsten Sommerblumen in Beeten schon so geschädigt, dass ihr Laub glasig wirkt und die Pflanze das Wachstum einstellt. Bei Dahlien ist das sehr gut erkennbar. Stärkere Fröste färben das Laub dieser Pflanzen schwarz. Spät blühende winterharte Stauden wie Chrysanthemen sind aber noch nicht für diese Saison verloren. Decken Sie bei Frostgefahr die Pflanzen mit Vlies ab. Sehr oft schließen sich noch einige milde, freundliche Wochen an, und die letzten Knospen blühen zuverlässig auf.

311. *Blumenzwiebeln*

Einige robuste Pflanzenarten, die aus Zwiebeln und Knollen sprießen können noch sehr spät gesetzt werden, solange der Boden offen ist, oft bis in den Dezember hinein. Tulpen, Hyazinthen, Krokusse oder Netz-Iris wachsen noch zuverlässig an, wenn Sie die Pflanzplätze mit Laub und Reisig abdecken, um ein Durchfrieren des Bodens zu verhindern.

312. MULCHABDECKUNG

Stauden kann man vor Kahlfrösten mit einer ca. 10 cm dicken Schicht aus Laub schützen. Um die Blätter an Ort und Stelle zu halten, werden Koniferenzweige darübergelegt.

313. DIE LETZTE MAHD

Auch das Wachstum des Rasens kommt nun zur Ruhe. Mähen Sie in den letzten Gängen nicht mehr allzu tief; 5 bis 7 cm reichen aus. So kommt der grüne Teppich auf jeden Fall besser durch den Winter.

314. DAHLIEN EINWINTERN

Sowie die ersten Fröste das Laub der Dahlien schwarz gefärbt haben, ist es Zeit, die Knollen auszumachen und frostfrei zu lagern.
Gehen Sie am besten mit der Grabegabel vor und holen Sie an einem regenfreien Tag die zum Teil beträchtlich heran gewachsenen Wurzelstöcke möglichst komplett aus dem Boden.
Schreiben Sie den Sortennamen auf ein Schlaufenetikett an der Basis der Triebe und schneiden Sie dann die Triebe bis auf etwa 20 cm lange Stiele ab. An einem überdachten Platz sollen die Knollen kopfüber ein paar Tage trocknen – ohne Frost zu bekommen, versteht sich. Dann werden sie in Zeitungspapier eingeschlagen und in Kisten dunkel und kühl, beispielsweise in einem Keller oder einer frostfreien Garage, bis zur nächsten Pflanzzeit verstaut.

Winter
BÄUME UND STRÄUCHER SCHNEIDEN • VOR

BEREITEN • NEUES PLANEN

Phänologie & Garten IM WINTER

Nun hält der Winter Einzug. Mit dem Ende des herbstlichen Laubfalls sind die Stämme und Kronen der Bäume gut zu erkennen. Besonders auffällig sind die Eschen mit ihren schwarzen Winterknospen. Dennoch blühen bereits einige wenige Gehölze: Winterjasmin (*Jasminum nudiflorum*) und Zaubernuss (*Hamamelis*) bringen erste Farbtupfer in Gärten und Parks. Als kürzester Tag markiert schließlich der 21. Dezember den Wechsel in das neue phänologische Jahr. Die erste der zehn phänologischen Jahreszeiten kündigt sich im Februar an: Als Zeichen des Vorfrühlings setzt das Wachstum der Kätzchen von Erlen und Haselsträuchern ein. Wenn sie zu blühen beginnen, erwacht die Natur allmählich zu neuem Leben.

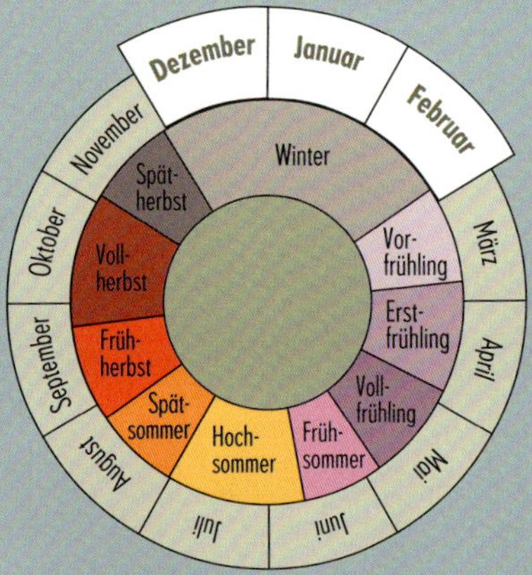

Der Winter erstreckt sich über die Monate Dezember bis Februar.

WINTER

Bei Frostwetter pausiert das Wachstum des im Herbst gesäten Wintergetreides, dem nur wochenlange Kahlfröste Schaden zufügen können. Eine Schneedecke beruhigt daher den Bauern.

Wintergetreide wächst auch bei Temperaturen kaum über null.

Jetzt, wo die Bäume in blattlosem Zustand stehen, kann man sich an ihren Wintersilhouetten erfreuen. Ein Blick auf die Zweige der Esche offenbart die noble Schönheit ihrer tiefschwarzen Knospen.

Eschen sind als spät austreibende Bäume die letzten, die grünen.

Wenn der Pollen der einheimischen Haselsträucher in hellgelben Wolken beim leisesten Windhauch zu sehen ist, ist der Frühling nicht weit. Drohen jetzt strenge Fröste, gibt es eine schlechte Nussernte.

Haseln machen manchem Allergiker den nahen Frühling schwer.

Die Winterzeit ist Schnittzeit. Jetzt gibt es genügend zu tun ...

315. Die echte Christrose

Die echte Christrose unterscheidet sich von der im Vorfrühling blühenden Lenzrose durch reinweiße Blüten und die frühere Blütezeit. Die Art *Helleborus niger* und ihre gärtnerischen Auslesen beginnen um die Weihnachtszeit mit der Blüte. Sehr zuverlässig sind Pflanzen der alten Sorte `Praecox`. Im Garten brauchen sie sonnenabgewandte Plätze ohne einengende Nachbarschaft. Dann können auch sie sich durch Aussaat vermehren. Es gibt inzwischen Kreuzungen mit anderen Arten, etwa der Korsischen Nieswurz, die in dicken Büscheln in Pastelltönen blühen.

FARBE IM WINTER

SCHÖNE PFLANZEN AUS DEM GARTEN

Buntes Laub

Die Aukube (Aucuba japonica `Crotonifolia`) besticht jetzt mit exotisch getupften lackgrünen Blättern. Schatten- und trockenheitsverträglich.

Schöne Früchte

Die Fruchthüllen der Lampionblume (Physalis alkekengi) bleiben in niederschlagsarmen Wintern lange intakt und sind dann eine Augenweide.

Immergrüne

Ein Garten ohne die formenreichen Stechpalmen (Ilex) ist im Winter nur halb so schön. Nur weibliche Pflanzen tragen die schönen Beeren.

Nadeln & Knospen

Nadelgehölze bestechen jetzt durch facettenreiche Farben und Strukturen, so wie die kompakt wachsende Kiefer Pinus thunbergii `Thunderhead`.

320. Bunte Zweige

So bunt kann der Winter sein: Mit dem unempfindlichen Sibirischen Hartriegel (*Cornus alba* `Sibirica`) lassen sich atemberaubend schöne Winterbilder pflanzen. Schneiden Sie die Sträucher alle zwei Jahre tief zurück, dann bilden sich schnell neue Triebe.

321. Rückschnitt

Auf den Stock setzen, engl. Coppicing, nennt man eine Schnitttechnik, mit der man Sträucher radikal zum Neuaustrieb anregen kann. Das ist wichtig, wenn man wie hier besonders intensiv gefärbte Triebe erreichen will, da die ältere Rinde die Farbe verliert. Den Sträuchern macht das nichts aus.

322. Unterpflanzung

Mit Schneeglöckchen und Winterheide sorgen Sie für ein farbenfrohes Bild. Natürlich können auch immergrüne Gruppenstauden wie die großblättrigen Bergenien gewählt werden. Schön: die Rotfärbung der Sorte`Eroica`.

323. STECKHÖLZER MACHEN

So einfach vermehren Sie Ziersträucher und Rosen!

SCHNEIDEN

Wählen Sie zweijährige, gut verholzte Triebe aus; bei Rosen dürfen sie durchaus auch älter sein.

MIT ANSATZ

Dafür eignen sich Pfeifenstrauch, Deutzie und Forsythie, Blutjohannisbeere und Rosen.

AUF KNOSPE

Machen Sie Teilstücke, von denen jedes mindestens drei Blattpaare/Triebknospen hat.

ZUSCHNEIDEN

Die Steckhölzer sollten mindestens 20 cm lang sein, besser etwas länger und gut bleistiftdick.

STANDORT

Wählen Sie einen halbschattigen Platz aus, an dem der Boden immer gleichmäßig feucht ist.

TIEF STECKEN

Zwei Drittel kommen in die Erde, ein bis zwei Triebknospen dürfen herausschauen.

DICHT STECKEN

Je dichter Sie stecken, desto mehr bringen Sie unter. Später lassen sie sich vereinzeln.

ABWARTEN!

Es dauert ein bis zwei Jahre, bis die Pflanzen genug Wurzeln haben und verpflanzt werden können.

324. *Salbei spät ernten*

Salbei (*Salvia officinalis*) gehört zu den Küchenkräutern, deren Blätter man auch im Winter ernten kann. Die Blätter sind dann zwar nicht so zart wie im Sommer, auch der Gehalt an ätherischen Ölen ist geringer. Aber der charakteristisch würzige Geschmack bleibt erhalten. Eine robuste Sorte ist 'Berggarten'.

325. PASTINAKEN ERNTEN

In milden Wintern können jetzt noch die letzten Wurzelgemüse wie Rüben und Pastinaken geerntet werden. Leichte Fröste machen ihnen nichts aus. Lagern Sie die Wurzeln anschließend kühl oder am besten in Eimern mit leicht feuchtem Sand, dann halten sie wochenlang.

WINTER IM GEMÜSEGARTEN

326. DER WALNUSSBAUM

An Walnussbäumen wird von Anfang Dezember bis Mitte Januar ein Winterschnitt vorgenommen, das vermeidet das starke Bluten der Schnittflächen. Übrigens ist es besser, die Schnittflächen nicht mit Wundverschlussmittel zu bestreichen. Der Baum kann sie in den nächsten Jahren selbst schließen.

327. GRÜNKOHL OHNE FROST

Wer aufmerksam die Samenkataloge studiert, weiß es längst: Neue Sorten des Grünkohls brauchen keine Frosteinwirkung mehr, um erntereif zu werden. Sie haben auch ohne kühle Temperaturen ein köstliches Aroma. Grünkohl enthält von allen Kohlarten am meisten Vitamin A und auch viel Vitamin C. Er ist also bestens dafür geeignet, von der Küche aus unser Immunsystem zu unterstützen. Ein Tipp: Um Vitamine zu schonen, sollte der Kohl nicht stundenlang gekocht werden. Garen Sie ihn lieber schonend bei geringerer Hitze. So bleibt der Grünkohl schön appetitlich grün und wird nicht braun – was ihm früher übrigens den Namen Braunkohl eingetragen hat.

GARTENGERÄTE PFLEGEN

328. *Säubern*

Wenn Gartengeräte in den nächsten Wochen nicht mehr verwendet werden, sollten sie jetzt gereinigt werden. Überprüfen Sie, ob Stiele fest sind oder Spatenblätter und Scheren geschärft werden müssen.

329. *Schärfen*

Nicht jeder hat einen Schleifstein zu Hause. Sie können Spaten und Schaufeln auch zu einem Messer- und Scherenschleifer bringen, er sorgt dann für einen Schärfegrad, der Ihren Bedürfnissen entspricht.

330. *Fetten & ölen*

Um das Ansetzen von Rost zu vermeiden, werden Spaten und Schaufeln aus Stahl und Edelstahl gefettet oder geölt. Öle mit Silikon reinigen auch gut. Vorhandenen Flugrost vorher mit der Bürste entfernen.

331. *Winterspritzung*

Ruheformen von Schädlingen wie Fichtenläusen und anderen können erfolgreich mit einer Winterspritzung bekämpft werden. Informieren Sie sich im Fachhandel und schildern Sie dort das Schadbild.

332. *OBSTBÄUME KALKEN*

Um Frostschäden und aufgeplatzte Rinde zu vermeiden, können Sie die Stämme von Obstbäumen mit einem sonnenlichtreflektierenden Kalkanstrich versehen.

SCHÄDLINGE

333. HALALI AUF WÜHLMÄUSE

Wühlmäuse leben im Boden und sind die größten Feinde aller jungen Gehölze, Zwiebelpflanzen und Stauden mit verdickten Wurzeln. Sie fressen Rhizome, Zwiebeln, Knollen und Wurzeln komplett von unten ab, sodass die Pflanze keine Chance mehr hat, sich zu regenerieren. Im Winter ist das Nahrungsangebot für sie knapper, und sie lassen sich leichter mit Giftködern bekämpfen als zu jeder anderen Jahreszeit. Die Köder werden in ihre Gänge gelegt – man erkennt deren Anfänge an sehr flachen Erdhaufen oder Löchern. Auch in der Nähe geschädigter Pflanzen lassen sich die Gänge finden. Öffnen Sie diese vorsichtig und legen Sie die Köder aus – danach werden die Gänge wieder verschlossen. Berühren Sie den Köder nicht mit frisch gewaschenen oder irgendwie parfümierten Händen – am besten, Sie tragen dabei alte, benutzte Gartenhandschuhe, denn die Tiere haben einen sehr feinen Geruchssinn und meiden verdächtige Gerüche.

334. WILDVERBISS VORBEUGEN

Besonders im Winter besuchen vor allem in ländlich gelegenen Gärten Wildtiere den Garten, um dort Futter zu finden. Kaninchen und Hasen nagen beispielsweise Baumrinden an, größere Tiere wie Rehe äsen Winterknospen von Gehölzen ab. Anhand der Spuren lässt sich meist ausmachen, welche Tierart in der Nacht unterwegs war. Achten Sie unbedingt darauf, dass alle Zäune lückenlos und solide sind und keine Schlupflöcher bieten. Rehe beispielsweise überspringen mit Leichtigkeit gut 150 cm hohe Zäune – zeichnen sie sich als Dauergäste ab, sollten Sie höhere Zäune errichten. Besonders gefährdete Gehölze können Sie auch mit Umwicklungen von Kaninchendraht vor Verbiss schützen; rechnen Sie aber beim Anbringen des Schutzes immer mit einer ansteigenden Schneedecke und wickeln Sie den Draht eher zu hoch als zu tief.

ORCHIDEEN IM ZIMMER

335. STANDORT Je nach Art brauchen Orchideen halbschattige bis sonnige Plätze. Venusschuh (*Pahiopedilum*, Bild) und Phalaenopsis kommen an Ostfenstern bestens zurecht, während die meisten anderen Orchideen recht lichtbedürftig sind. Besonders die Arten, die ursprünglich als Aufsitzer (Epiphyten) auf Bäumen lebten, sind lichthungriger. Ungünstig sind vollsonnige Südfenster.

336. LUFTFEUCHTIGKEIT Orchideen haben sich durch lange Züchtung an die Verhältnisse in unseren Wohnungen angepasst. Dennoch mögen sie ein Raumklima, das auch uns Menschen angenehm ist und trockene Heizungsluft vermeidet.

337. RICHTIG GIESSEN Das spezielle Orchideensubstrat sollte nicht vor dem nächsten Gießen komplett abgetrocknet sein, da es dann kaum Feuchtigkeit aufnehmen kann. Das ist für Venusschuhe tödlich, da sie keine Trockenheit vertragen. Halten Sie das Substrat immer leicht feucht.

338. DÜNGEN NICHT VERGESSEN Im Frühjahr und Sommer können Sie wöchentlich mit Orchideendünger Nährstoffe zuführen.

339. DIE WICHTIGSTEN ZIMMERORCHIDEEN

PHALAENOPSIS

Sie wird auch Nachtfalter-Orchidee genannt und zählt inzwischen zu den häufigsten Zimmerpflanzen weltweit.

VANDA

Sie braucht sehr viel Licht und eine hohe Luftfeuchtigkeit. Exemplare in Glasvasen überleben im Zimmer oft nicht lange.

DENDROBIUM

Die duftenden kleinen Blüten erscheinen im Frühling und Winter nach einer kurzen Ruhezeit. Fühlt sich im Sommer draußen wohl.

CATTLEYA

Die großen Blüten stehen im harten, ledrigen Laub. Sie brauchen nach dem Abschluss des Neutriebes eine kurze Ruhezeit mit weniger Wasser.

340. Die Großmutter-Orchidee

Der deutsche Name Hohlnarbe wird der edlen Schönheit der Gattung *Coelogyne* nicht gerecht. Die Pflanzen bilden rundliche oder scheibenförmige Speicherorgane, die Pseudobulben, aus und brauchen im Herbst eine Ruhezeit bei kühlen Temperaturen, um zur Blüte zu kommen.

341.

Gesunde Luftwurzeln

Eine gesunde Orchidee erkennen Sie an den intakten Luftwurzeln, die sich fest und knackig anfühlen sollten. Grüne Spitzen zeigen Wachstum an. Nur erdbewohnende Orchideen wie der Venusschuh bilden keine Luftwurzeln aus.

AMARYLLIS IM ZIMMER

342. ZWIEBELKAUF

Wenn Sie Amarylliszwiebeln (auch Rittersterne genannt, botanisch Hippeastrum) kaufen, achten Sie darauf, dass diese fest und frei von Schadstellen sind. Die Wurzeln sollten idealerweise noch etwas fleischig sein, dann kommen die Pflanzen schneller voran.

343. EINPFLANZEN

Der Zwiebelhals muss immer aus dem Substrat herausschauen. Zwei Drittel der Zwiebel gehören in die Erde. Die Erde sollte etwas sandig und durchlässig sein, in magerer Erde wachsen die Pflanzen nicht so mastig und blühen auch reicher.

344. EINE SERIE MACHEN

Setzen Sie alle drei Wochen ab Herbst bis Januar eine Zwiebel auf, dann haben Sie den ganzen Winter blühende Amaryllis. Es dauert von der Pflanzung bis zur Blüte ca. vier bis sechs Wochen.

345. AUFSTELLEN

Amaryllis brauchen viele Licht und sollten nicht zu warm stehen. Zum Antreiben der Zwiebeln reichen 20° C aus, bei diesen Temperaturen halten die Blüten an der Pflanze auch länger als im voll geheizten Zimmer. Nach der Blüte brauchen die Pflanzen einen sonnigen Platz und ab dem Frühjahr auch Dünger. Dann sammeln Sie Kraft für die nächste Blüte.

346. FRÜHBLÜHER IM HAUS

Eine kleine, feine Auswahl von Frühlingsblumen aus Zwiebeln lässt sich ohne aufwendige Vorkehrungen im Haus zur Blüte bringen. Das Pflanzgut ist durch bestimmte Temperaturbehandlungen so präpariert, dass es sofort Wurzeln bildet und sicher austreibt. Am bekanntesten sind hier Hyazinthen, die selbst auf speziellen Gläsern, die nur Wasser beinhalten, zum Blühen kommen – sie sollten aber zunächst in einem dunklen, kühlen Raum langsam Wurzeln bilden. Von Anfang an in einem beheizten Zimmer können weiße Tazetten etwa auf eine Kiesschicht mit Wasser aufgesetzt werden – man kann beim Wachsen förmlich zusehen; die Blüte setzt oft schon vier Wochen nach dem Antreiben ein.

347.

DIE CLIVIA ZUM BLÜHEN BRINGEN

Großmutters Klivie blüht alljährlich, wenn man sie mager und eher trocken hält: je kleiner der Topf, desto reicher die Blüte. Viel Licht ist wichtig.

348. Eine Amaryllis retten

Bei Lichtmangel werden die Stängel der Amaryllis oftmals zu lang und kippen dann unter der Last der schweren Blüten um oder knicken ab. Wenn Sie beschädigte Stängel noch in der Vase halten wollen, können Sie sie mit einem einfachen Trick stabilisieren: Stecken Sie einfach einen Holzstab entspechender Länge in den hohlen Stiel, sodass man ihn nicht sehen kann. Schneiden Sie die Amaryllis frisch an und lassen Sie sie ein paar Minuten abtrocken, dann kommt sie in die Vase und kann noch eine Woche Freude bereiten.

BÄUME BESSER SCHNEIDEN

349. Auslichten

Zu dicht gewordene Bäume und Sträucher, die Ihnen Licht wegnehmen, müssen nicht gefällt werden. Schneiden Sie Äste und Zweige aus der Krone heraus, das erhält den Habitus, schafft Licht und ist viel besser!

350. In Form bringen

Asten Sie zu groß gewordene Sträucher oder Bäume doch einfach auf und schaffen Sie so Platz unter ihnen. Ein Radikalschnitt regt die Pflanze zu neuem Wachstum an und ist darum nicht immer ratsam.

351. Strukturen betonen

Aufgeastete oder ausgelichtete Bäume werden plötzlich zu Schmuckstücken im Garten. Wenn Sie sich das nicht vorstellen können, skizzieren Sie das Bild vor und nach Ihrer möglichen Schnittmaßnahme.

352.

GIESSEN AUF DEM BALKON

Immergrüne in Töpfen und Kübeln brauchen auch im Winter Wasser. Buchs, Koniferen und Co. müssen gegossen werden. Auch bei Regen, oft kommt kaum Wasser an die Wurzeln.

353. Betreten nur ausnahmsweise

Auch wenn Rasengräser robuste Pflanzen sind, sollten sie im Winter möglichst wenig beansprucht werden. Lassen Sie nichts mehr auf dem Rasen stehen und betreten ihn Sie so wenig wie möglich. Besonders wenn der Boden sehr nass ist, leiden die Pflanzen sehr und können sich wegen der Wachstumsruhe bei Weitem nicht so schnell regenerieren wie im Sommer. Schaufeln Sie Schneelasten möglichst nicht auf den Rasen, sondern besser auf Beete oder Randbereiche der Wege.

354. Lasten abschütteln

Wechseln Schnee-, Frost- und Tauwetter einander ab, bilden sich auf den Gehölzen dichte Schichten aus Schnee und Eis. Was aussieht wie ein Winterwunderland, kann böse Folgen haben, denn die Auflagen können sehr schwer werden und zu Schneebruch führen. Schütteln Sie also bei winterlichen Kontrollgängen im Garten stets ein Zuviel an Schnee ab. Besonders Rhododendren und Kirschlorbeer sind mit ihren großen Blättern gefährdet, aber auch dichte Nadelbäume wie Tannen und Scheinzypressen.

FORMALE GÄRTEN

355. Sichtachsen

Schaffen Sie klare Räume und gliedern Sie sie streng formal. Auch in einem kleinen Garten ist eine zentrale Achse, die etwa von einem Gartenweg markiert wird, ein wirkungsvolles Gestaltungsmittel.

356. Gartenräume

Unterteilen Sie die Fläche Ihres Gartens in Räume, die zum Beispiel durch Hecken entstehen. So werden selbst kleine Gärten zur Überraschung. Verzichten Sie aber auf geschwungene Linien.

357. Formgehölze

Strenge in der Gestaltung wird durch geometrische Formschnitte betont. Von der Hecke über Kugeln und Kegel lassen sich aus Buchs, Eibe (*Taxus*) und Hainbuche (*Carpinus*) alle möglichen Formen schaffen.

358. Letzte Staudensamen

Beim Rückschnitt der Staudenbeete fallen einem manchmal noch Samenkapseln in die Hände. Sind die enthaltenden Samen noch nicht verfault oder von Tieren verzehrt, lohnt es sich, sie zu trocknen und bis zum nächsten Frühjahr aufzubewahren. Denn viele Stauden lassen sich sehr gut aus Samen ziehen. Dazu gehört die Sibirische Wieseniris (Bild), aber auch Rittersporn, Phlox und vor allem Astern. Oft ist der Nachwuchs den Elternpflanzen ähnlich, aber Sie können auch positive Überraschungen erleben. Versuchen Sie es!

359. SPALIERE SCHNEIDEN

Es ist eine Kunst für sich: die Erziehung von Spalieren. Wichtig ist, in den ersten Jahren eine gute Grundform zu erarbeiten. Bis ein Spalier Früchte bringt und in der Form komplett ist, kann es Jahre dauern. Schaffen Sie je nach gewählter Form zunächst das Grundgerüst und vernachlässigen Sie den Wunsch nach leckerem Obst. Die Zeit wird dann einen reichen Ertrag bringen; an Spalieren reifen die Früchte gleichmäßiger aus als am Baum.

Tief abschneiden

Wassertriebe an den alten Schnittstellen von Obstbäumen werden jedes Jahr entfernt. Der Baum will mit ihnen den Verlust ausgleichen.

Fruchtholz fördern

Kurztriebe mit vielen Blütenknospen wie an diesem alten Obstspalier tragen im nächsten Jahr Früchte und sollen nur ausgedünnt werden.

Dekorativ: Der langsam wachsende Zimt-Ahorn (Acer griseum) hat abrollende Rinde in warmem Braun.

SCHÖN IM WINTER: RINDE

360. Schlangenhaut

Die silbrig gezeichnete Rinde des Schlangenhaut-Ahorns Acer capillipes besticht im Winter durch kühle Eleganz. Ein großer Strauch.

361. Abrollend

Die weiße Rinde der Himalaya-Birke Betula utilis ist auffälliger als die der heimischen Birken. Der mittelgroße Baum wächst locker.

362. Farbenfroh

Unter den Birken gibt es auch andere pastellfarbene Rinden, wie zum Beispiel bei Betula albosinensis oder Betula ermanii.

363.

Wenn Sie Bäume mit auffallender Rinde pflanzen, achten Sie darauf, dass der Standort nicht zu luftfeucht ist. Sonst besiedeln Algen und Moose die Rinde, und sie kann ihre Leuchtkraft nicht voll entfalten.

364. Koniferen nicht vergessen

Zu Unrecht sind Nadelgehölze in den letzten zwanzig Jahren aus vielen Gärten verbannt worden. Dabei bieten sie besonders im Winter einen hübschen Anblick. Verzichten Sie also nicht darauf. Wenn Ihnen die starren Formen vieler Tannen und Fichten nicht zusagen, entscheiden Sie sich für Kiefern oder Scheinzypressen. Einige Arten wie die abgebildete Mädchen-Kiefer (*Pinus parviflora*) haben weiche Nadeln und wirken eher zart und filigran. Koniferen sind überdies ein wirkungsvoller Hintergrund für früh blühende Sträucher.

365. WINTERBLÜHENDE GEHÖLZE

Duft-Schneeball

Viburnum x bodnantense zeigt schon ab Oktober seine zartrosa Blütenbällchen. Er duftet süß, pausiert aber bei Frost unweigerlich.

Zaubernuss

Aus der Gattung Hamamelis haben zahlreiche Sorten in den Garten Einzug gehalten. Sie werden im Alter so breit wie hoch!

Winter-Geißblatt

Es eignet sich auch für kleinere Gärten und blüht monatelang. Die weißen Blüten duften zitronig und erscheinen am ganzen Strauch.

REGISTER

BEZUGSQUELLEN

GEHÖLZE:

Georg Wilken Baumschulen
Am Nesterhorn 21
D-26655 Westerstede/Hüllstede
www.baumschule-wilken.com

Pflanzenhof Schachtschneider
Iserloyer Straße 2
D-27801 Dötlingen-Aschenstedt
www.schachtschneider.com

Baumschule Paul Schwieters
Schlee 8
D-48720 Rosendahl-Holtwick
www.schwieters.de

Clematisspezialitäten Herian
Adlesweg 11
D-89440 Unterliezheim
www.clematis-herian.de

ROSEN:

W. Kordes' Söhne Rosenschulen
Rosenstraße 54
D-25365 Kl.Offens. Sparrieshoop,
www.kordes-rosen.com

Noack Rosen Baum- und Rosenschulen
Im Fenne 54
D-33334 Gütersloh
www.noack-rosen.de

Rosenhof Schultheis
Bad Nauheimer Str. 3
D-61231 Bad Nauheim-Steinfurth
www.rosenhof-schultheis.de

STAUDEN UND KRÄUTER:

Für Stauden empfehlen sich die Einzelhandelsgärtnereien der Staudenprofis. Einfache Suche unter: www.staudenring.de/privatkunden/suche.php

Rühlemann's Kräutergartengärtnerei
Auf dem Berg 2
D-27367 Horstedt
www.ruehlemanns.de

herb's Bioland
Gärtnerei & Pflanzenversand
Stedinger Weg 16
D-27801 Dötlingen
www.herb-s.de

Annemarie Eskuche
Staudenkulturen am Söhnholz
D-29664 Ostenholz
www.stauden-eskuche.de

Staudengärtnerei Gerhild Diamant
Mühlenweg 39
D-47239 Duisburg
Rumeln-Kaldenhausen
www.stauden-diamant.de

Syringa Duft- und Würzkräuter
Bernd Dittrich
Bachstr. 7
D-78247 Hilzingen-Binningen
www.syringa-pflanzen.de

Gräfin von Zeppelin
Staudengärtnerei
Weinstr. 2
D-79295 Sulzburg-Laufen
www.graefin-v-zeppelin.com

Staudengärtnerei Gaissmayer
Jungviehweide 3
D-89257 Illertissen
www.gaissmayer.de

Sortiments- und Versuchsgärtnerei Simon
Staudenweg 2
D-97828 Marktheidenfeld
www.gaertnerei-simon.de

Sarastro
Innkreis 131
A-4974 Ort
www.sarastro-stauden.com

GEMÜSE:

Dreschflegel GbR
In der Aue 31
D-37213 Witzenhausen
www.dreschflegel-saatgut.de

Manufactum
Hiberniastraße 4
D-45731 Waltrop
www.manufactum.de
Bio-Saatgut Gaby Krautkrämer
Weingartenstraße 58
D-97252 Frickenhausen am Main
www.bio-saatgut.de
Bingenheimer Saatgut AG
Kronstraße 24–26
D-61209 Echzell-Bingenheim
www.bingenheimersaatgut.de
Magic Garden Seeds
Regerstr. 3
D-93053 Regensburg
www.magicgardenseeds.de

ZWIEBELPFLANZEN:

Bakker Holland
D-22922 Ahrensburg
www.bakker-holland.de
Blumenzwiebel.nl
Zwanenburgerdijk 418
NL-1161 NS Zwanenburg
www.blumenzwiebel.nl

SÄMEREIEN:

Thysanothus Samen-Versand
Uwe Siebers
Schulweg 21
D-28876 Oyten
www.thysanotus-samenversand.de
Jelitto Staudensamen GmbH
Am Toggraben 3
D-29690 Schwarmstedt
www.jelitto.com

OBSTGEHÖLZE:

Krämer Markenbaumschulen
Bielefelder Straße 202–206
D-32758 Detmold
www.baumschule-kraemer.de
Baumschule Fels
Am Kapellenweg 71
D-49492 Westerkappeln
www.baumschule-fels.de

AUGE

Bei Gehölzen befindet sich an jeder Stelle eines Triebes, an der einmal ein Blatt stand, eine winzige Triebanlage, aus der bei entsprechenden Bedingungen ein neuer Trieb erwächst. Geschnitten wird ein Gehölz grundsätzlich kurz über dem obersten Auge, aus dem der junge Trieb austreiben soll.

F1-HYBRIDE

Viele ertragreiche oder blütenschöne Pflanzen, die aus Samen herangezogen werden, sind züchterisch so stark bearbeitet, dass man sie nicht originalgetreu aus selbst gewonnenem Saatgut neu heranziehen kann. Die Züchterprofis bauen zwei Elternlinien auf, die miteinander kombiniert werden müssen, um genau die gewünschten Samen zu produzieren. Diese heranwachsende erste Pflanzengeneration nennt man „F1". Setzen sie wiederum Samen an, verteilen sich die Gene bestimmter Eigenschaften wieder frei, und es ist nicht vorhersehbar, ob daraus entstehende Pflanzen den Vorstellungen der Hobbygärtner entsprechen. Wer Pflanzen aus eigenhändig gesammeltem Saatgut anziehen möchte und Gewohntes erhofft, sollte sich an Wildarten halten oder an Selektionen, die nicht mit dem Siegel „F1" versehen sind.

GEHÖLZ

Alle Pflanzen, deren Triebe oberhalb des Erdbodens mehrere Jahre überdauern und aus Augen dieser Triebe wieder austreiben, nennt man grundsätzlich „Gehölze" – sie bilden durch Lignineinlagerungen in Rinde und Mark das Holz.

OFFENER BODEN

Ein Boden ist offen, solange er nicht durch Frost und Eis so verfestigt wurde, dass er nicht bearbeitet werden kann.

OKULATION

Das ist ein Verfahren, um Rosen zu veredeln. Die Triebanlage (= Auge) einer Rosenzüchtung wird mit einem Stück Rinde in die Rinde des Wurzelhalses einer Wildrose eingeschoben. Dort wachsen beide zusammen. Von dieser Stelle an bilden sich nur Triebe der veredelten Sorte. Das Wurzelwerk der Wildrose versorgt die Pflanze.

REMONTIEREN

Alle Pflanzen, die nach der ersten Blütezeit eine kleine Pause einlegen und danach wieder durchtreiben, um im gleichen Jahr erneut zu blühen, gelten als remontierfähig. Um das Remontieren anzuregen, müssen sie meist zurückgeschnitten werden.

RHIZOM

Verdickte Wurzeln, die sich mehr oder weniger waagerecht im Boden oder an der Bodenoberfläche ausbreiten, nennt man Rhizome. Es handelt sich um sehr robustes Pflanzgut, das einer Wurzelknolle ähnelt. Meist sind sie etwas gegliedert – solche Teilstücke lassen sich abbrechen und eignen sich zur Vermehrung. Bartiris oder Buschwindröschen haben Rhizome.

STAUDE

Krautig wachsende, mehrjährige Pflanzen, die in ihren Trieben kein Holz einlagern, nennt man Stauden. Sie überwintern nur mit ihrem Wurzelwerk und treiben auch nur aus den Wurzeln wieder aus, ganz gleich, wie hoch sie schlussendlich wachsen. Einige Stauden, etwa Bergenien oder Christrosen, behalten ihr Laub auch im Winter, ersetzen es aber durch einen Neuaustrieb Anfang des Frühlings.

VEREDLUNG

Zahlreiche Gartengehölze – vor allem Rosen, Obstgehölze, Edelflieder, Strauch-Pfingstrosen oder großblumige Rhododendren werden veredelt. Für Gartenrosen wird im Hochsommer der Wurzelhals einer Wildrose (die „Unterlage") freigelegt. Die Rinde dort wird mit einem T-förmigen Schnitt so gelöst, dass das helle Mark sichtbar ist. Dort wird vom Trieb der zu veredelnden Sorte ein abgeschältes Auge eingesetzt. Die Stelle wird mit Band fixiert, und die Pflanzen wachsen zusammen. Später erscheint sie „knubbelig". Alle Triebe oberhalb der Veredlungsstelle stammen von der veredelten Sorte, alle unterhalb von der Wildrose. Bei Stammrosen ist die Veredlungsstelle der Ansatz der Krone.

ZWEIJÄHRIGE

Einige sehr reizvolle Pflanzenarten bilden im Jahr der Aussaat keine Blüten, sondern ausschließlich Blattwerk; man sagt, sie wachsen vegetativ. Ausgesät werden sie im Laufe des Frühlings, nach einer Wintersaison bilden sie gewöhnlich dann ihre Blüten. Gartenklassiker wie Nelken, Bartnelken, Islandmohn, Stockrose, Vergissmeinnicht, Königskerze, Goldlack, Fingerhut oder Stiefmütterchen wachsen zweijährig. Gelegentlich schlagen sich die Pflanzen noch ein, zwei weitere Jahre durch – allerdings verlieren sie dann sehr an Vitalität, und es ist besser, stets neue Pflanzen nachzuziehen. Viele Zweijährige verbreiten sich aber auch selbst reichlich durch eigene Aussaat.

ZWIEBELBLUMEN

Im Handel werden Zwiebelblumen als eigene Pflanzenkategorie geführt, obwohl es sich genau genommen um Stauden handelt, die zur Überdauerung ungünstiger Witterungsphasen im Laufe ihrer Evolution Speicherorgane gebildet haben, in die sie sich völlig zurückziehen. Sind diese Speicherorgane sichtbar geschichtet, handelt es sich botanisch gesehen um Zwiebeln – die Küchenzwiebel ist das bekannteste Beispiel dafür; von den Zierpflanzen wachsen etwa Lilien, Tulpen und Narzissen aus Zwiebeln. Auch Knollenpflanzen zählt man (wenn auch botanisch nicht ganz korrekt) zu den Zwiebelpflanzen. Knollen haben ein undifferenziertes Gewebe – die Kartoffel etwa ist eine typische Knolle. Im Ziergarten sind Krokusse, Dahlien oder Balkan-Anemonen typische Knollengewächse.

BILDNACHWEISE

Medienfabrik Gütersloh GmbH (S. 3, S. 4, S. 5, S. 8 r., S. 11, S. 14, S. 15, S. 19 o., S. 20, S. 22 u., S. 23, S. 24 u., S. 25, S. 26, S. 27 u., S. 28, S. 29 o., u. l., u. M., S. 30, S. 31 l., S. 40, S. 42, S. 44 u., S. 46/47, S. 48 u. l., S. 56 u. 1.+2. v. l., r. o., S. 57 u., S. 58, S. 59, S. 60 o. l., S. 61, S. 62, S. 63, S. 66, S. 67, S. 69 l., S. 72, S. 74, S. 75 u. M., u. r., S. 76, S. 77, S. 80 u. r., S. 84, S. 85 u., S. 86, S. 87, S. 88, S. 89 l. o., l. M., S. 91, S. 95 o. u. r., S. 98 u. r., S. 100 u. l. , 2. v. r., S. 101, S. 103, S. 105, S. 107, S. 109, S. 110, S. 111, S. 113 o. l., u. l., S. 119, S. 123, S. 124 u., S. 126, S. 128, S. 130/131, S. 132 u. l., S. 134, S. 135 r., S. 137, S. 138, S. 139, Rücktitel)
Andreas Barlage (S. 71 o., S. 95 u. l.)
Staudengärtnerei Gaissmayer GmbH & Co. KG (S. 60 u. M., u. r., S. 71 u., S. 95 u. M., S. 100 u. 2. v. l., u. r., S. 102)
Corbis (Titel, S.6/7, S. 8 l., M., S. 9, S. 10, S. 12, S. 13, S. 17, S. 18, S. 19 u., S. 21, S. 22 o., S. 24 o., S. 27 o., S. 29 u. r., S. 32, S. 33, S. 34, S. 35, S. 36 o., S. 37, S. 38, S. 39, S. 41, S. 43, S. 44 o., S. 45, S. 48 u. M., u. r., S. 49, S. 50, S. 51, S. 52, S. 53, S. 54 o. l, o. r., S. 55 o. r., S. 56 u. 3. v. l., S. 57 o. l., S. 60 u. l., S. 64, S. 68, S. 69 o. r., S. 70, S. 75 o. l., o. r., S. 78, S. 79, S. 80 u. l., S. 81, S. 85 o. l., S. 89 o. r., u. r., S. 90, S. 92–94, S. 96/97, S. 98 u. l, u. M., S. 99, S. 104, S. 106, S. 108, S. 112, S. 113 o. r., u. r., S. 114–118, S. 120/121, S. 122 u. M., u. r., S. 124 o., S. 125, S. 127, S. 132 o., u. r., S. 133, S. 135 o. l., u. l., S. 136),
Fotolia (S. 16, S. 31 r., S. 36 u., S. 53 u., S. 55 M. l., S. 80 o., S. 82, S. 100 o. l., S. 122 u. l.)